日本のM&Aの歴史と未来

一般社団法人金融財政事情研究会 編著

一般社団法人金融財政事情研究会

日本のＭ＆Ａの歴史と未来

はじめに

平成の30年の間、少子高齢化が急速に進んだ日本では、ビジネスの世界でも「経営者の高齢化」という大きな課題に直面しています。このままの状況が継続した場合、2025年には経営者の6割が70歳を超え、多くの中小企業が後継者不在のために廃業して、約650万人の雇用が失われるとの分析もあります。実際、事業者数は年間10万者程度のペースで減少しつつあり、358万者まで減少しています。まさに、後継者問題は「待ったなし」の課題であり、政府としても、計画的かつ早急に事業承継を進めていくことを推進しています。2018年には、法人版事業承継税制を抜本的に拡充、さらに2019年には個人版事業承継税制を創設することで、事業承継時の相続税・贈与税の負担を実質ゼロとするなど、主に親族内承継を対象とした極めて異例の措置を講じてきました。こうした施策の効果もあり、事業承継は多くの中小企業において重要な経営課題として認識されるようになり、後継者不在率も改善傾向にあります。

このように親族内での承継を支援する取組みを進めてきた一方で、親族に後継者がいない中小企業の数は、依然として高止まりしています。また、廃業した企業の6割は「黒字廃業」が占めている状況であり、今後も稼ぐことができる企業の廃業が進んでいます。このような状況を背景として、親族ではなく第三者に事業を承継する手段として、M＆Aを選択する中小企業も増えつつあります。新型コロナウイルス感染症の影響もあり、2020年の廃業件数が過去最多となったことも踏まえると、経営者の年齢にかかわらず、廃業に伴って経営資源が散逸するような事態を回避するために、企業の独自技術やノウハウ、雇用といった経営資源を、M＆Aによって次世代につないでいくことの重要性がより一層高まっています。

また、M＆Aは、事業継続という側面だけでなく、規模の拡大や垂直統合によるコア事業の強化、新規ビジネスへの参入等を実現することにより、生産性向上、そして新たな成長につながるという側面を持っています。これまでも、中小企業は、人口減少に伴う内需縮小という構造的な課題や、海外企業との市場獲得競争など、厳しい経営環境に直面してきました。加えて、ウィズコロナ／ポストコロナ社会における「新たな日常」に対応するため、多くの企業において事業再構築をはじめとする生産性向上の取組みが進められています。さらに、デジタル化やカーボンニュートラルなど、世界的な潮流の変化にも柔軟に対応していくことが求められています。このような激しい変化の波を企業の内部資源だけで乗り越えることはますます難しくなっています。他者とのオープンなネットワークを広げ、更にはＭ＆Ａをきっかけとして企業の「自己変革力」を磨いていくことは、中小企業が環境変化に適応しながら競争を勝ち抜いていくための強力な選択肢になり得ると確信しています。

国としても、経営資源の散逸を回避し、環境変化に対応しながら生産性を向上させるための有効な手段の一つとしてＭ＆Ａを推進しています。具体的には、全都道府県に設置している事業承継・引継ぎ支援センターを通じて企業間のマッチング支援を進めているほか、２０２０年に経営資源引継ぎ補助金を、２０２１年には経営資源集約化税制を創設するなど、Ｍ＆Ａに対する金銭的な支援も充実させつつあります。また、Ｍ＆Ａを行おうとする中小企業が安心して取引に参加できるよう、２０２０年には、中小Ｍ＆Ａガイドラインを策定し、２０２１年８月にＭ＆Ａ支援機関に係る登録制度を創設したところです。民間のＭ＆Ａ支援機関では、２０２１年10月に自主規制団体が設立されたと承知しています。今後も、中小企業がＭ＆Ａを経営の選択肢の一つとして、安心して円滑に活用できる環境を整備するため、２０２１年４月に策定した「中小Ｍ＆Ａ推進計画」に沿って、官民で連携して各種の取組みを進めてまいります。

本書が、中小企業をはじめとする事業者の方々、その支援に携わる方々にとって、M&Aの意義やあり方等に対する理解を深める一助となることを祈念して、私の挨拶とさせていただきます。

2021年10月

中小企業庁　長官　角野　然生

日本のM&Aの歴史と未来　目次

序

M&Aは日本の未来を明るくする重要な手段

今、日本でM&Aビジネスに関わる人が飛躍的に増えている。

中小企業のM&Aを専門とする仲介会社は、拡大を続ける事業承継マーケットに呼応して300者を超えてきた。

大手の証券会社や銀行でも、手数料収入の多様化と増加を狙って投資銀行（インベストメントバンク）部門を増強している。

大手監査法人のファイナンシャル・アドバイザリー・サービス部門（FAS）もこの動きに追随し、拡大の一途をたどっている。

また、企業を買収して成長させるPEファンドの新設や拡大も目を見張るものがあるし、各地の中小企業の支援機関である事業承継・引継ぎ支援センターも強化されている。インターネットを活用したM&A仲介プラットフォームや付属サービスも増えてきた。このようなM&Aに関連した仕事に従事する方々も急増している。

日本のM&Aプレーヤーは、これからも指数関数的な勢いで増えていくことが予想される。それは、日本経済の発展にM&Aが欠かせない手段であることが広く認知されてきたことの証でもある。


日本は、重要なターニングポイントを迎えている。

生活、文化、教育、安全といった国の「かたち」を決める要素の基盤となるのは経済である。その経済の未来が、極めて危機的な状況に直面している。

その要因の一つに、中堅・中小企業の経営者の高齢化と後継者不在の問題が挙げられる。日本に存在する約380万者の中堅・中小企業のうち、およそ245万者の経営者が2025年に70歳以上になると言われている。その一方で245万者のうちの127万者で後継者が不在だという。これは、まさに「廃業予備軍」と言える。

もし、日本から127万者の中堅・中小企業が消滅したら、日本の未来はどうなるだろう。中堅・中小企業が誇る素晴らしい技術、独特で愛すべき文化が消滅し、地方では働く場所がなくなってしまう。政府が掲げる地方創生が叶わぬ夢となるばかりか、日本にとって取り戻すことができない大きな損失となる。

もう一つは、大企業に重くのしかかる生産性の低さという問題だ。経済産業省が報告しているとおり、日本の大企業はコングロマリット化するほど生産性が低下する傾向にある。コングロマリット化するほど生産性が上がるアメリカ企業とは正反対の結果である。

その主な原因は、事業や子会社・関連会社の選択と集中が進んでいないからだ。日本の大企業はこれから事業分野の選択と集中を一層進め、生産性を飛躍的に上げていかなければ、グローバルで繰り広げられている競争に太刀打ちできなくなる。

さらに挙げれば、日本の生産年齢人口（15〜64歳）の激減が経済に深刻な影響を及ぼす。2020年に約7400万人だった生産年齢人口は、10年後の2030年には6900万人に減少、2050年には5300万人、2065年には4500万人まで減少すると予想されている。

GDP成長率は労働投入、資本投入、技術進歩（全要素生産性）の伸びに要因分解できるが、生産年齢人口の減少は労働投入量を押し下げ、労働生産性の低さと相まってGDPを引き下げる。日本のGDPの世界に占める割合は2050年に1・9％にまで縮小してしまうとの予測がある。日本の国際的なプレゼンスは、大きく低下してしまうだろう。

このままでは、日本経済の維持・生活水準の高さはもちろん、文化の素晴らしさ、教育水準の高さ、安全・安心な生活環境などを維持するのは難しいのではないか。日本経済と国民の生活を守っていくためには、事業承継によって中小企業の経営資源を残すとともに、生産性を上げる努力が必要だ。

同時に、大企業においても事業の集中と選択を進めていくことが欠かせない。そして、平均年齢が若く経済成長が著しいASEAN諸国に生産拠点と販売拠点を求めていく努力がなされなければならない。

これらの課題を解決するための最善の方策は、M&Aにほかならない。仲介会社や金融機関やFASなどのM&Aプレーヤーの社会的な役割は、日を追うごとに高まっている。

未来に向かって進むとき、過去を知ることは重要である。

日本のM&Aビジネスは、野村企業情報の後藤光男氏、レコフの吉田允昭氏らの血の滲《にじ》むような努力によって夜明けを迎えることができた。日本に明確な形でM&Aプレーヤーという職業がなかったころから、彼らがM&Aを新しい産業として日本に根付かせてきた。

後藤氏は野村證券グループという組織のなかでM&Aを重要な業務として位置付け、それ以外にもベンチャーキャピタルなど投資銀行ビジネスの根幹をつくり上げてきた。

吉田氏は日本で初めて完全独立系のM&Aコーディネーターとして独自の世界を構築し、現在の日本のM&A仲介業務の基礎を築き上げた。

本書では、日本にM&Aがどのようにして根付いてきたかを、後藤氏に語っていただいた。

後藤氏はご自分が手がけられたＭ＆Ａビジネスが我々に引き継がれ、大きく発展していることをたいへん喜んでおられ、本書の発刊にもご賛同いただけた。コロナ禍であるにもかかわらず貴重な資料提供やインタビューにご協力いただいたことに心から感謝している。

ＧＣＡの創業者である渡辺章博氏、Ｍ＆Ａキャピタルパートナーズの中村悟社長、ストライクの荒井邦彦社長には、日本のＭ＆Ａの未来について熱く語っていただいた。お忙しいなか、貴重な時間を割いて座談会にご参加くださったことに厚くお礼を申し上げる。

また、私の志をご理解いただき、大局的見地から中小企業におけるＭ＆Ａ、事業承継の重要性をご指摘くださった中小企業庁の角野然生長官、日本経済、日本企業を取り巻く課題を整理したうえで、Ｍ＆Ａの現状と課題について論考をお寄せいただいた同庁の日原正視課長にもお礼を申し上げる。さらに本書の制作過程でご協力を賜ったＴＭＡＣ相談役の新田喜男氏、東京証券取引所代表取締役社長の山道裕己氏にも感謝したい。

本書を刊行しようと考えたのは、近年激増している日本のインベストメントバンカーやＭ＆Ａプレーヤーに、日本のＭ＆Ａの歴史と未来を理解してほしかったからである。

日本においてM&Aに関わるすべての方々に日本におけるM&Aの歴史を知り、正しい社会的認識を持ち、大きな使命感と夢を抱いて仕事をしてほしい。

そして、M&Aに携わることによって輝かしい日本の未来をつくり上げる一翼を担っていただきたいと思う。M&Aには、その力があると確信している。

最後になるが、本書の編集をご担当いただいた、きんざい専務取締役の小田徹氏、出版センター部長の松本直樹氏、ライターの新田匡央氏にもお礼を申し上げる。

2021年10月

日本M&Aセンターホールディングス　代表取締役社長　三宅　卓

第1章

日本におけるM&Aの現状と課題

―中小M&Aを中心に―

中小企業庁　事業環境部　財務課長　日原正視

長期低迷する日本経済

日本経済の長期低迷が叫ばれて久しい。潜在成長率は各国とも下降傾向にあるが、なかでも日本は欧米先進国と比べて低い状況にある（図表1）。

しかもこうした状況が長期にわたり継続している。1995年度から2020年度まで26年分の実質GDP成長率の推移は図表2のとおりとなっている。

2020年度の成長率がマイナス4・6％となったのは、新型コロナウイルス感染症の影響という特殊要因が影響しているため、傾向としては除外したほうがいい。しかし、それ以前もGDP成長率は概ね1％前後で推移していることがわかる。

この結果、GDPの国際比較を見ると、2005年の世界に占める日本のGDP（名目）の割合は10・1％だったが、2010年には8・7％にまで下がった。その年には初めて中国に抜かれ、アメリカに次ぐ第2位の座を譲った。それからも右肩下がりに比率を下げ、2019年には5・9％となった。

内閣府の予測によると、仮に現在のまま推移した場合には、2030年には4・4％まで、2060年には3・2％まで下がると言われている。

図表1　潜在成長率等の推移

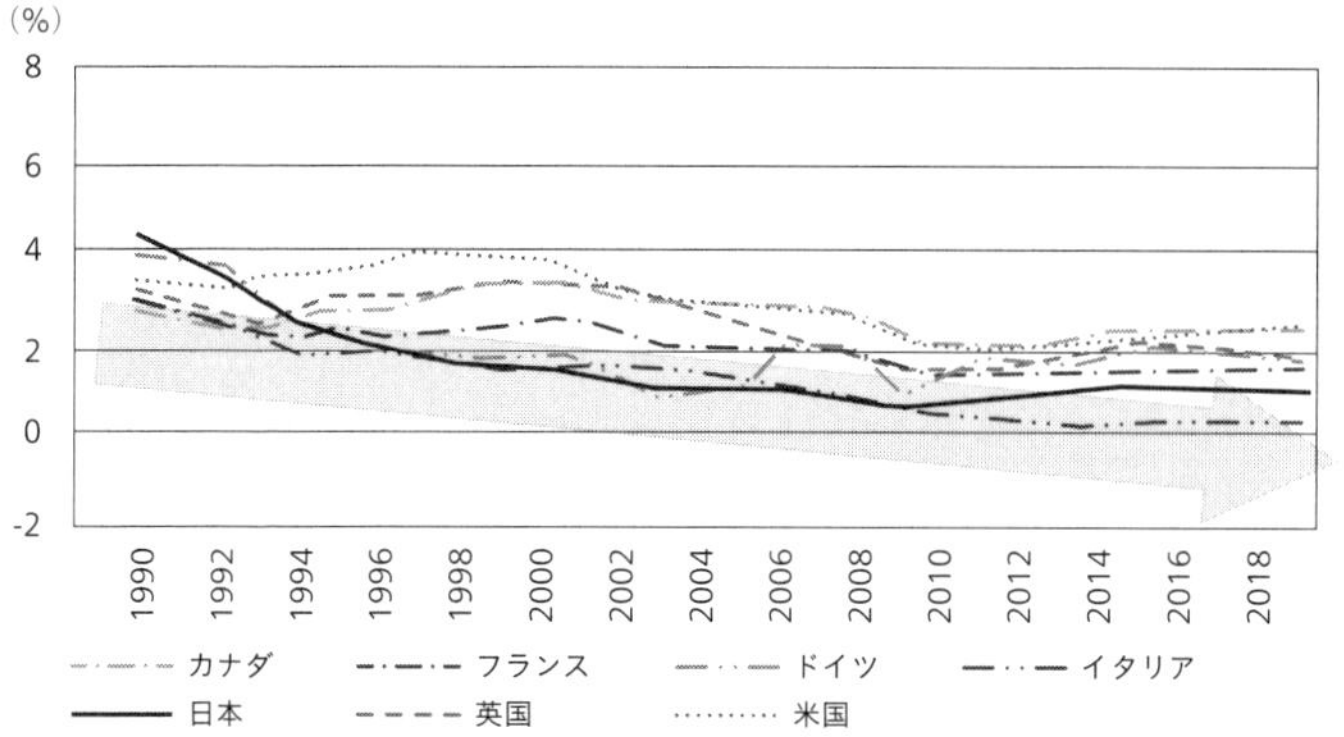

(出所) OECD, Economic Outlook, IMF World Economic Outlook, 総務省、St. Louis Fed FRED を基に作成。日本のインフレ率は消費税調整済。
【資料】経済産業省「産業構造審議会総会 (第28回)」

図表2　実質GDP成長率

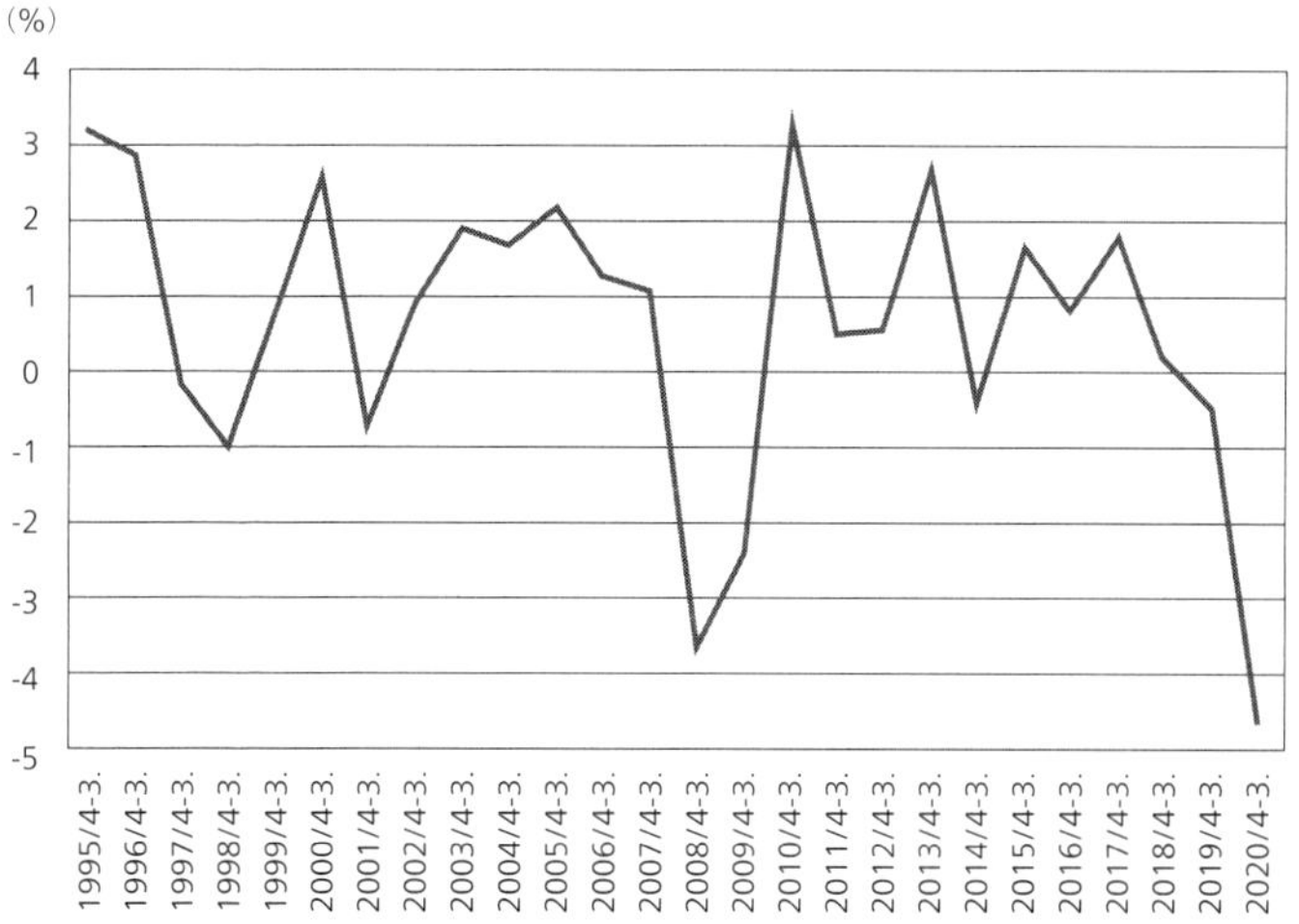

(出所) 内閣府国民経済計算 (GDP統計) より筆者作成。

図表3　我が国の総人口及び人口構造の推移と見通し

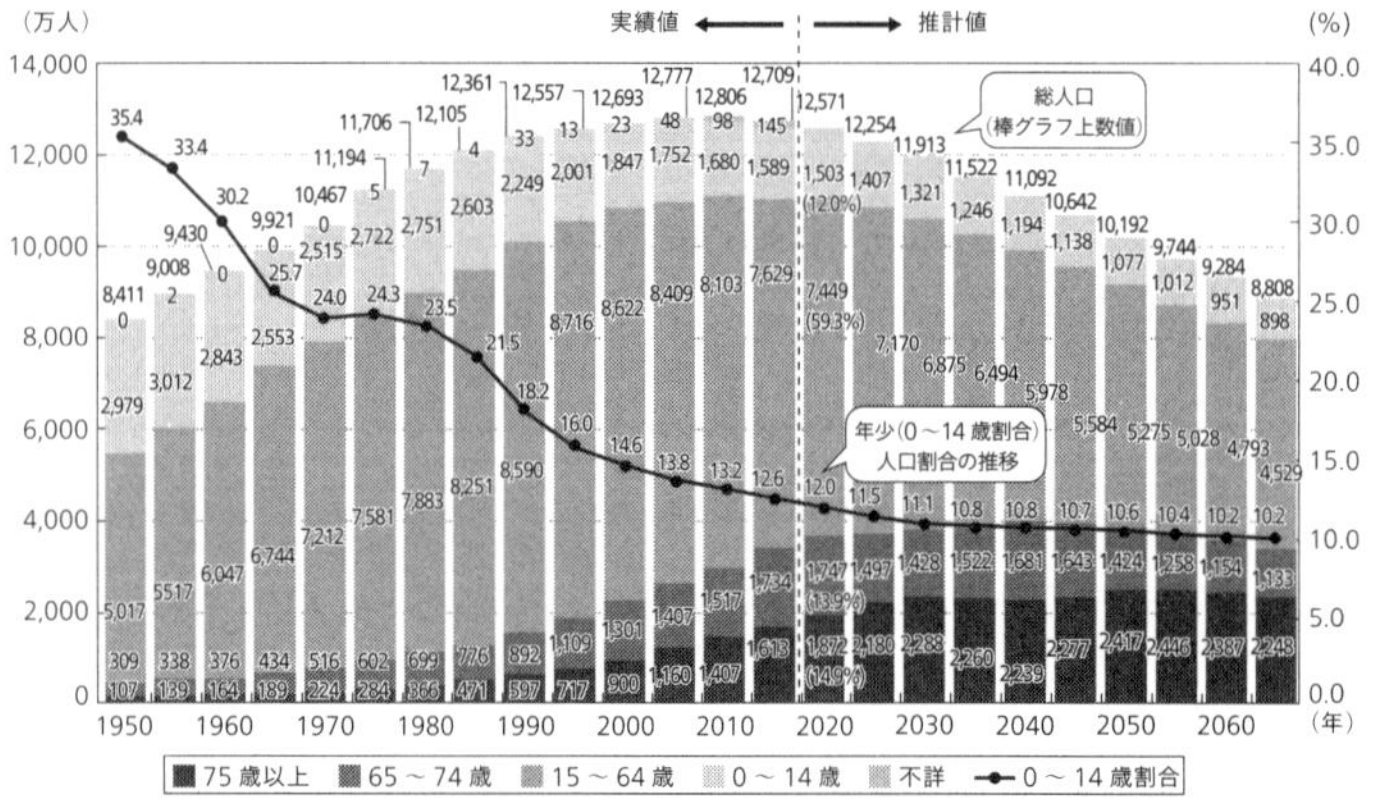

(注) 1. 2020年以降の年齢階級別人口は、総務省統計局「平成27年国勢調査　年齢・国籍不詳をあん分した人口(参考表)」による年齢不詳をあん分した人口に基づいて算出されていることから、年齢不詳は存在しない。なお、1950～2015年の年少人口割合の算出には分母から年齢不詳を除いている。ただし、1950年及び1955年において割合を算出する際には、下記の注釈における沖縄県の一部の人口を不詳には含めないものとする。

2. 沖縄県の1950年70歳以上の外国人136人(男55人、女81人)及び1955年70歳以上23,328人(男8,090人、女15,238人)は65～74歳、75歳以上の人口から除き、不詳に含めている。

3. 百分率は、小数点第2位を四捨五入して、小数点第1位までを表示した。このため、内訳の合計が100.0%にならない場合がある。

(出所) 2015年までは総務省「国勢調査」、2020年は総務省「人口推計」(2020年10月1日現在(平成27年国勢調査を基準とする推計値))、2025年以降は国立社会保障・人口問題研究所「日本の将来推計人口(平成29年推計)」の出生中位・死亡中位仮定による推計結果を基に作成。

【資料】少子化社会対策白書(2021)

こうした厳しい将来予測に大きな影響を与えているのが、生産年齢人口の減少である（図表3）。

総務省、国立社会保障・人口問題研究所の推計によれば、生産年齢人口（15～64歳）は、2020年に7449万人であるところ、2056年には5000万人を割り、2065年には4529万人にまで激減していくと予想されている。

単純に考えると、働く人、つまり、モノやサービスをつくる担い手が現在の半分近くになるということである。

日本経済の成長を阻害する要因は「労働生産性」の低さ

日本経済が長く低迷から脱することができない理由については、さまざまな要因が考えられる。ここでは「成長会計」を用いて単純化して考える。

成長会計では、経済成長が「労働の投入量」「資本の投入量」「全要素生産性（技術進歩等）」の三要素で決まると定義されている。

この「労働の投入量」という項目を見て、「労働力人口が減ると、経済成長は見込めない」と考えがちだ。たしかに、人口減少によって労働投入量が減ることで、経済成長にマイナスの影響が出るのは間違いない。

ただし、労働力人口の増減だけで経済成長が実現されるわけではない。それを証明するのが図表4である。

図表4　日本の人口とGDP（1870-1994、1913＝100）

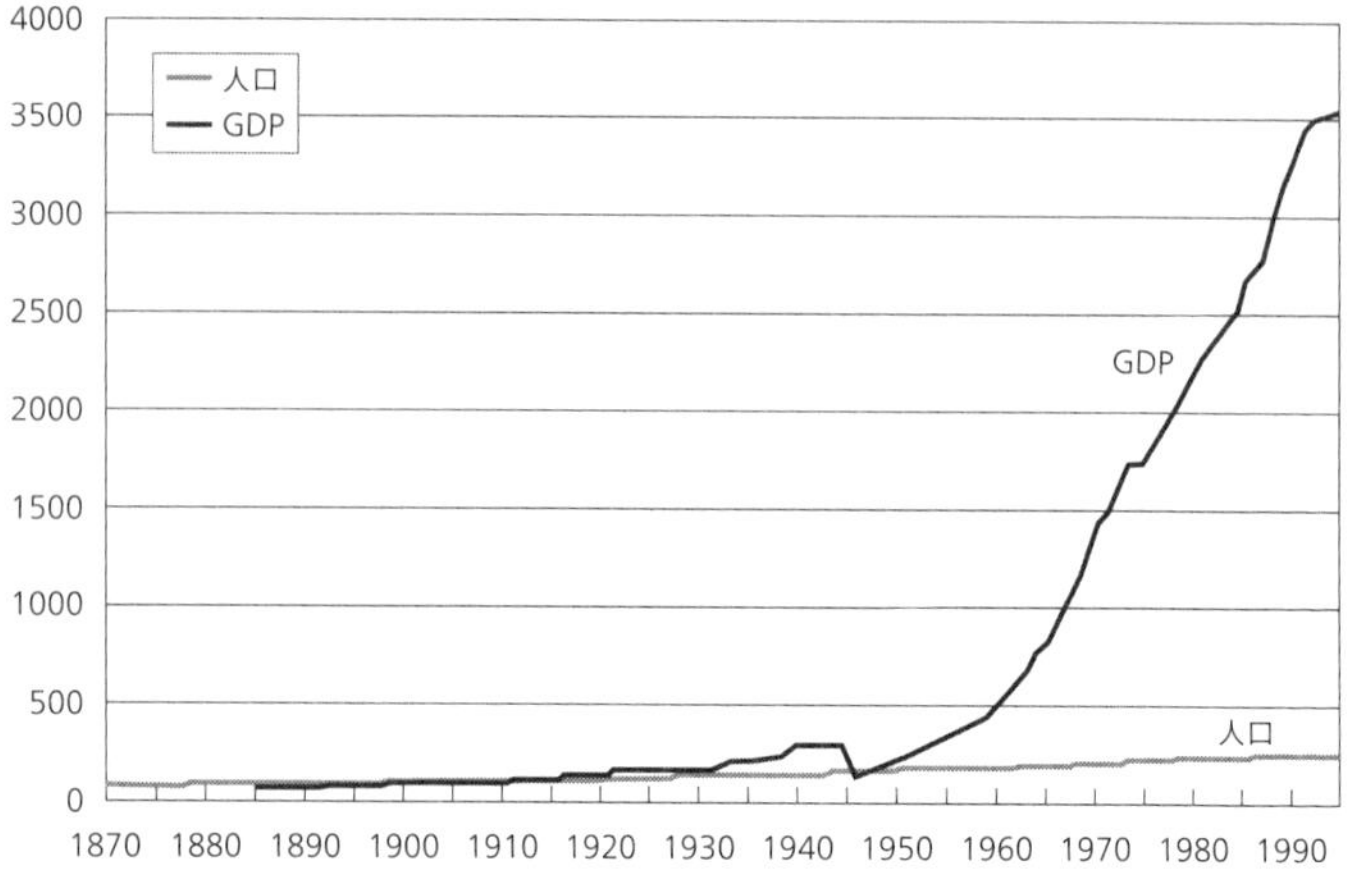

（注）人口、GDPともに1913年＝100とした指数
（出所）吉川洋（2016）氏資料

この図は１８７０年から１９９４年までの長期的な日本の人口とＧＤＰの推移について、測定したものである。これを見ると、約１２０年の間に、ＧＤＰは戦後の復興を経て急激に伸びているのに対して、人口はそれほど増加していないことがわかる。

この図から、人口がそれほど増えなくてもＧＤＰは急激に増加することが証明される。逆に言えば、今後人口が減っても、ＧＤＰが増加する可能性も十分にあるということである。

繰り返すが、人口減少がＧＤＰにマイナスの影響を与えることは間違いない。しかし、人口をプラスの方向にコントロールしようとしてもすぐに増えるわけではない。そうだとすると、人口の増加以外で経済成長を実現する要因が何かを探ることも必要である。

ここで、一人当たりのGDPの伸び（図表5）を見てみると、やや風景が変わってくる。2008年のリーマンショックの影響により先進各国で、伸びが低迷した時期を経て、2010年以降、イタリア以外の6ヵ国は揃って右肩上がりで成長している。日本もそれに歩調を合わせるように伸びており、それなりの水準で推移している。

潜在成長率が低迷しているわりに、一人当たりGDPの伸びはそれほど低くはない。これは重要なポイントである。

一人当たりGDPの伸び率は次のように二つの変数で決定される。

一人当たりGDPの伸び率＝労働参加率の伸び率×労働生産性の伸び率

このうち、労働参加率を見ると、日本ではその伸び率はかなり高い。日本の人口はたしかに減ってはいるが、労働参加率という点では改善傾向にある。（図表6）

女性の労働参加率に特徴的な「M字カーブ」という現象がある。結婚や出産を機にいったん離職し、子育てが一段落したら再び働き始める女性が多いため、25歳から39歳の女性の労働参加率が比較的低いというものである。

図表5　一人当たりのGDPの伸び

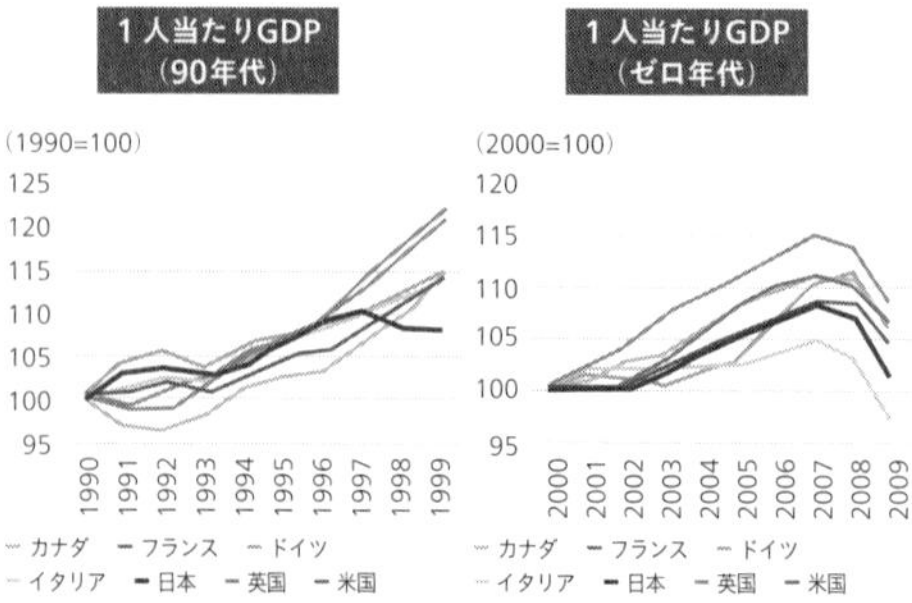

10年平均

カナダ	フランス	ドイツ	イタリア	日本	英国	米国
1.57	1.49	1.54	1.42	0.87	2.23	2.11

10年平均

カナダ	フランス	ドイツ	イタリア	日本	英国	米国
0.71	0.51	0.66	-0.32	0.17	0.94	0.72

10年平均

カナダ	フランス	ドイツ	イタリア	日本	英国	米国
0.99	0.90	1.29	0.01	1.13	1.09	1.61

(出所) OECD stats, GDP per head of population, USD, constant prices, 2015 PPPs を基に作成。
【資料】経済産業省「産業構造審議会総会(第28回)」

図表6　就業者数及び就業率の推移

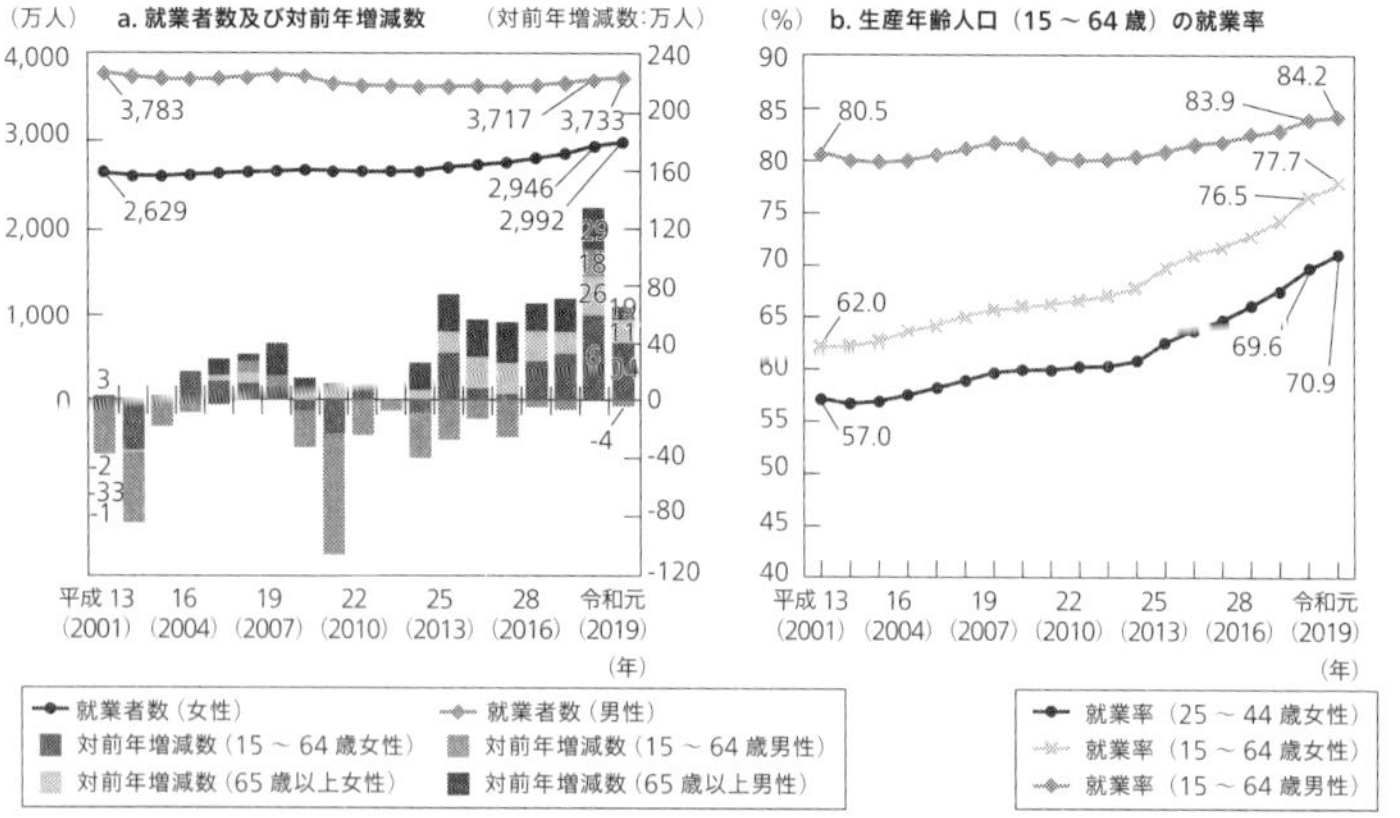

(注) 1. 平成17年から28年までの値は、時系列接続用数値を用いている(比率を除く)。
2. 就業者数及び就業率の平成23年数値は、総務省が補完的に推計した値。
(出所) 総務省「労働力調査(基本集計)」を基に作成
【資料】男女共同参画白書(2020)

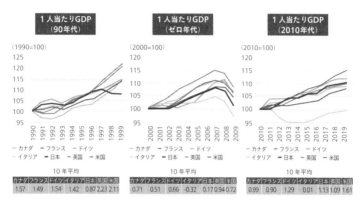

図表7　年齢階級別就業率（女性）

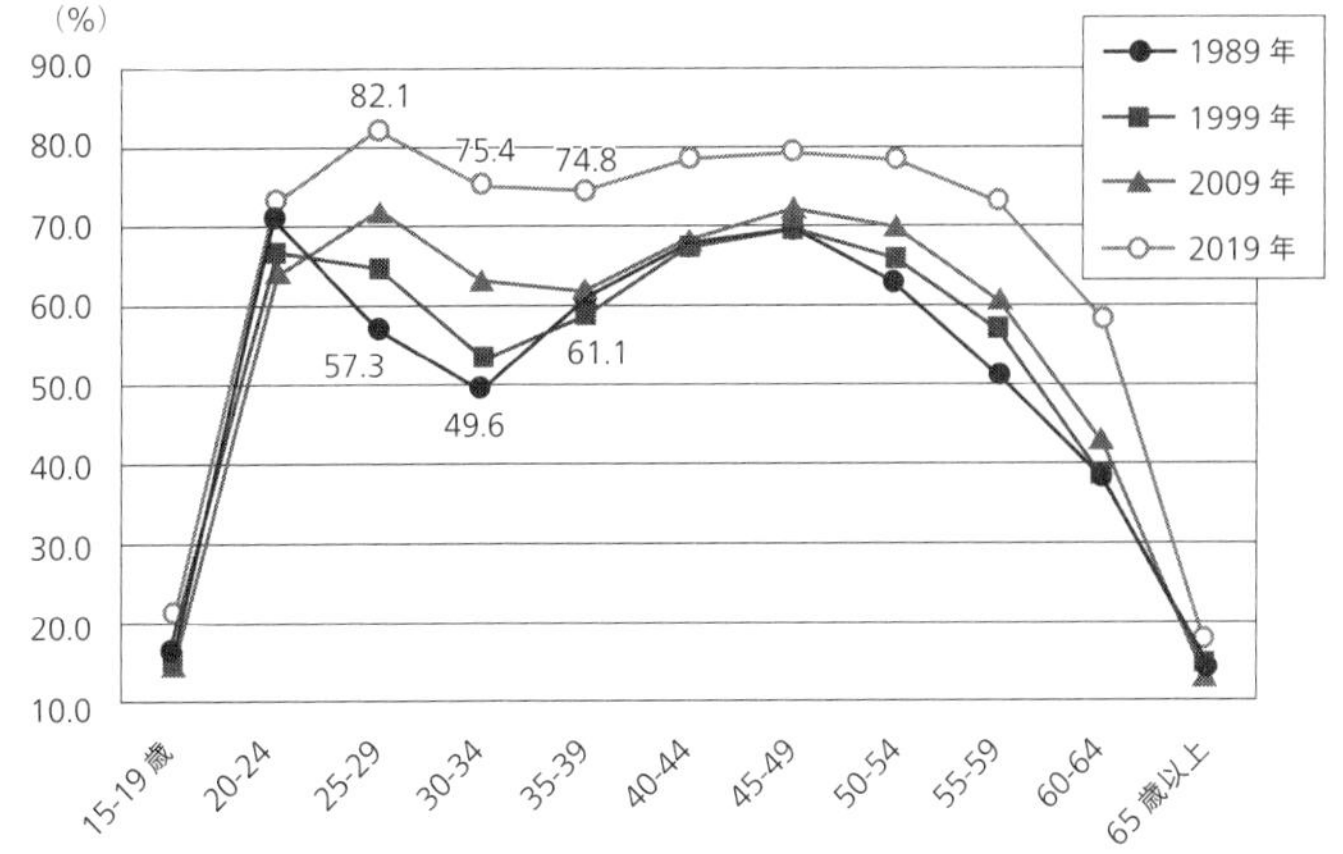

（出所）総務省「労働力調査」より作成。
【資料】厚生労働白書（2020）

　ところが、最近は女性が働き続ける傾向が顕著になり、M字のくぼみがかなりフラット化しつつある（図表7）。

　また、日本の高齢者は、他国と比較するとかなり労働参加率が高い状況だった。最近は定年の延長や嘱託扱いでの継続などの影響もあり、高齢者の労働参加率の伸び率も高い（図表8）。

　これらのデータから見ても、少なくとも足下では労働参加率が一人当たりGDPの伸び率にマイナスの影響を与えているとは思えない。その一方で、従前から指摘されているように、労働生産性はかなり低い水準にとどまっている（図表9）。

　図表9の左図は2015年から2019年の労働生産性の伸び率の平均値である。日本

図表8　高齢就業者数の推移(2009～2019年)

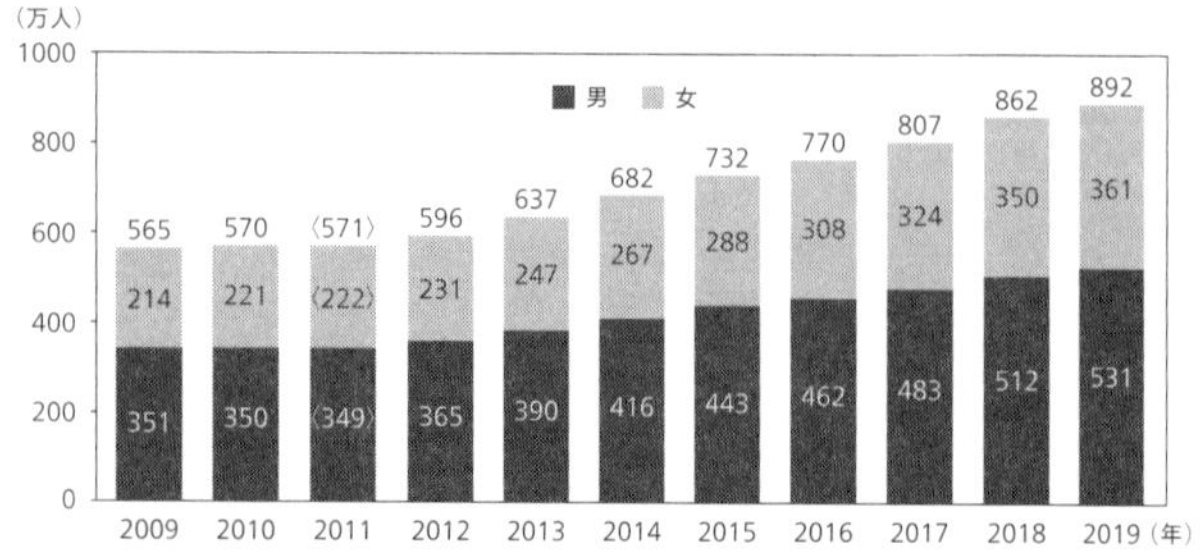

(注) 1.数値は、単位未満を四捨五入しているため、合計の数値と内訳の計が一致しない場合がある。
　　2.2011年は、東日本大震災に伴う補完推計値
(出所)「労働力調査」(基本集計)
【資料】総務省統計局

図表9

労働生産性の伸び率(2015～2019年平均)

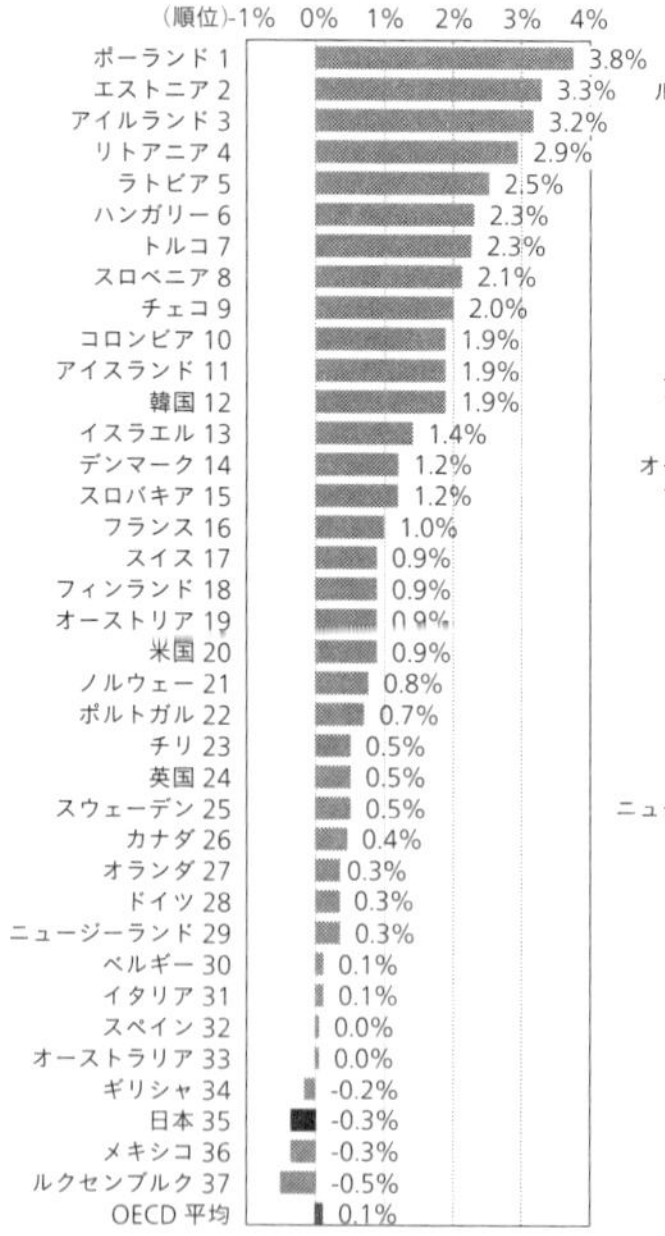

労働生産性(2019年)

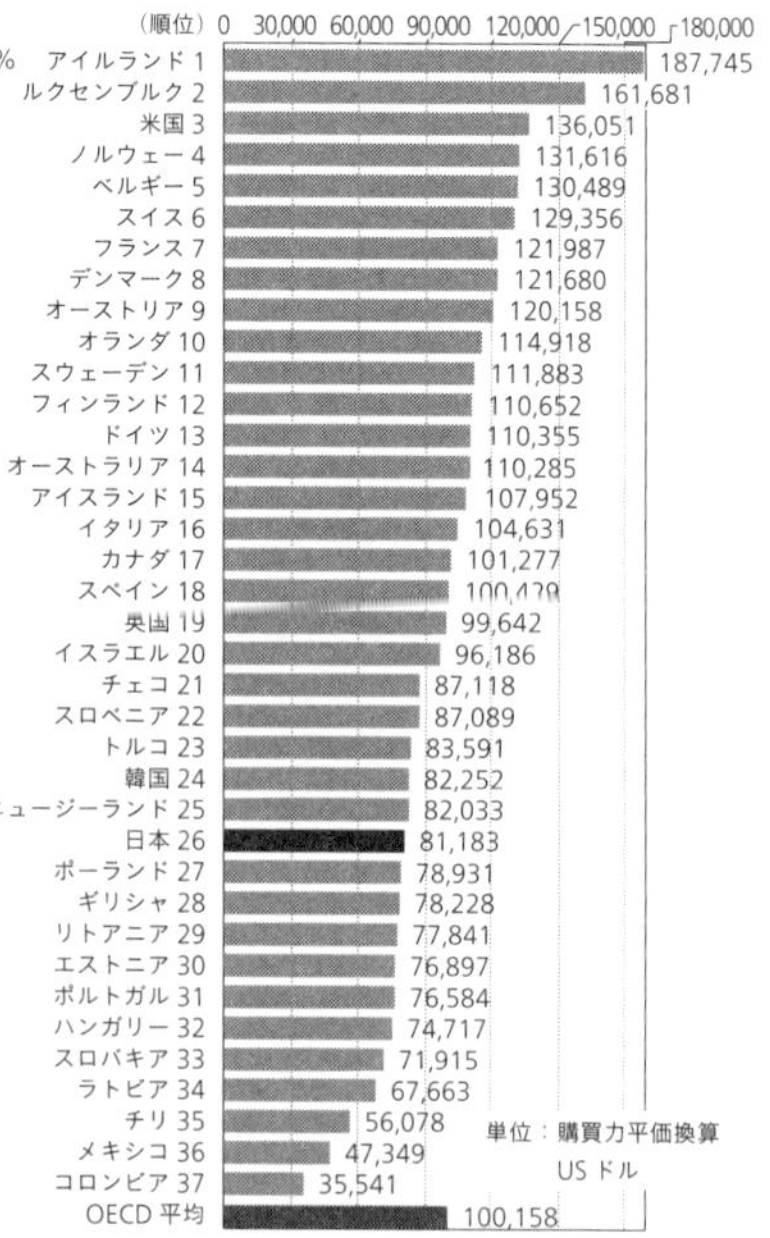

【資料】日本生産性本部「労働生産性の国際比較2020」

はＯＥＣＤ加盟37ヵ国中35位であるばかりか、ルクセンブルク、メキシコ、ギリシャとともにマイナスを記録している。

図表９の右図は２０１９年の労働生産性を並べたものだ。日本は８万１１８３ドルとなり、ＯＥＣＤ加盟37ヵ国中26位と下位に甘んじている。これは韓国、ニュージーランド、ポーランド、ギリシャなどと同水準であり、１位のアイルランドの半分以下、３位のアメリカの約６割の水準である。

つまり、経済成長率を押し上げるためには、一人当たりＧＤＰを高める必要があり、その鍵は、低い労働生産性を向上させることができるかどうかにかかっているわけである。

労働生産性を高める余地は十分にある。したがって、それを実現する方策が日本の今後にとって重要となるだろう。

図表10　ROE（自己資本利益率）の推移

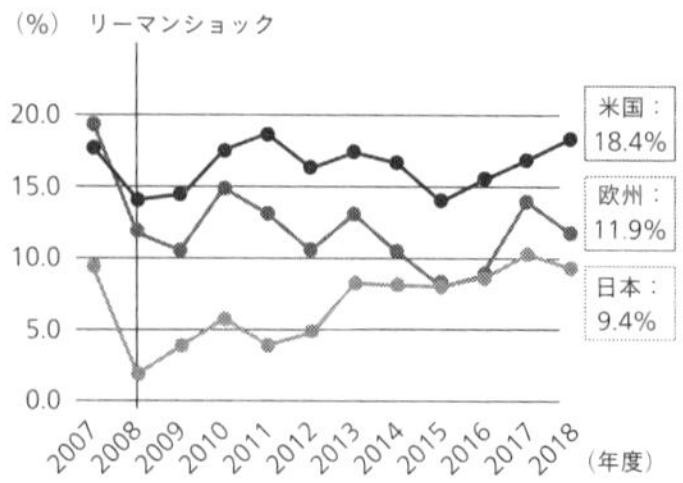

ROEのデュポン分解（2018年度）

	ROE（%）	売上高当期純利益率（%）	総資産回転率	財務レバレッジ
日本（TOPIX500）	9.4	5.47	0.71	2.36
米国（S&P500）	18.4	8.93	0.70	2.89
欧州（BE500）	11.9	7.04	0.60	2.74

①日本：TOPIX500（東証1部上場企業時価総額上位500社）②米国：S&P500（米国上場企業の内、全主要業種を代表する500社）③欧州：BE500（欧州企業時価総額上位500社）。ROEは、当期純利益÷自己資本2期平均値で算出。
（出所）：Bloomberg。分析対象は、以下の企業から中央値を算出。
【資料】経済産業省資料

日本経済を牽引する大企業の現状と課題

ここまでマクロの視点から日本経済を概観した。

ここからは、ミクロの視点、具体的には日本企業の労働生産性等について、大企業と中小企業に分けて考えていきたい。

まず日本の大企業の収益性（ROE）は、リーマンショック後は上昇傾向にあるが、それでも諸外国に比べて低い（図表10）。

なぜ大企業ではなかなか収益性が上がらないのか。その大きな要因の一つとして、イノベーションが起きていないことが挙げられる。このことを、たとえば「マークアップ率」で見ることができる。

マークアップ率とは、分母をコスト、分子を販売価

図表11

先進国企業のマークアップ率の推移

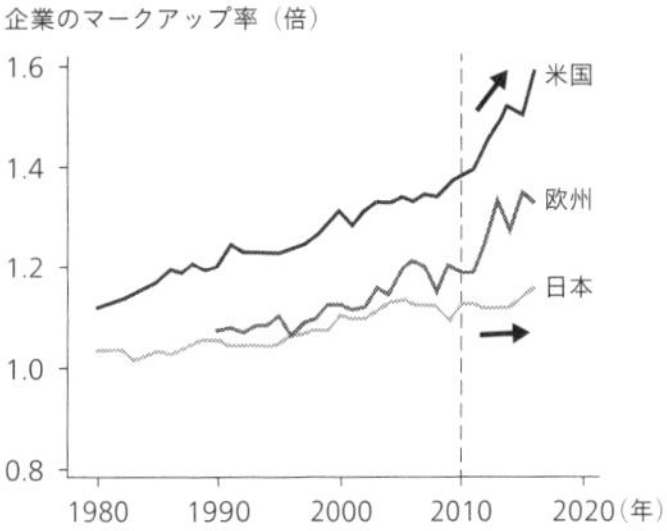

【資料】成長戦略実行計画（2021）

マークアップ率の国際比較（2016年）

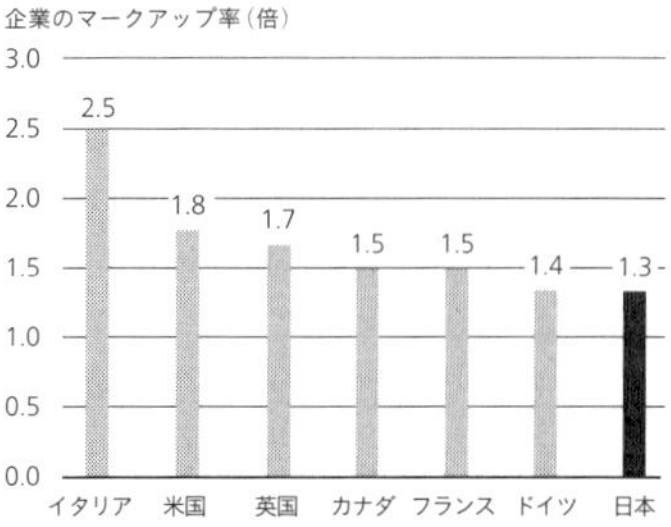

【資料】成長戦略実行計画（2021）

格として計算するもので、製造コストの何倍の価格で販売しているかを表す指標である。企業は付加価値を高めて価格を引き上げる戦略を取っているので、その点に着目した指標である。

図表11のマークアップ率の国際比較を見ると、付加価値額を十分に取っているのは、イタリア、アメリカ、イギリスなどの企業である。それに比べて日本の場合は1・3倍で諸外国の企業に後れを取っている。

マークアップ率が低いということは、新たな付加価値を提供することで利益を確保するのではなく、価格競争でしのぎを削っているということを意味する。新たな付加価値を提供できていない日本企業では、イノベーションが起こっていないことが類推される。

一方、アメリカやヨーロッパは年々付加価値の高いモノやサービスにシフトし、価格を引き上げているこ

図表12　新製品・サービスを投入した企業の割合（2012～2014年）

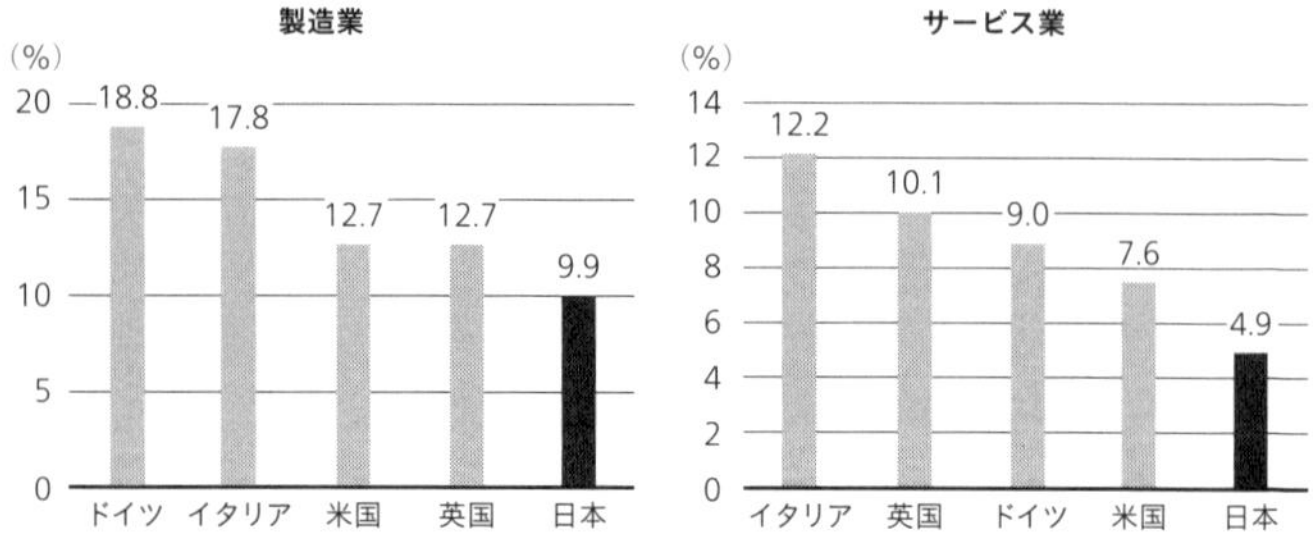

【資料】成長戦略実行計画（2021）

とが読み取れる。価格を引き上げられるということは、イノベーションを起こし、価格競争から離脱した付加価値の高いモノやサービスを生み出しているということである。

これを別の側面から見たのが次の図表12である。

このグラフは価格ではなく、新製品や新サービスを投入した企業の割合を示したものである。日本は製造業、サービス業ともに新製品、新サービスを投入した企業の割合が諸外国に比べて低い。日本企業は新しい製品やサービスを出すことより、従来の製品やサービスを改良する発想にとどまっているようだ。日本企業は、価格競争、改良で戦略を組み立てており、イノベーションを起こせていない。

では、なぜイノベーションが起きないのか。

さまざまな要因が複雑に絡み合っていると思われるが、「デジタル競争力」、「設備投資と研究開発」、「人材育成」の三つの点について説明したい。

国際経営開発研究所（IMD）が、毎年デジタル競争力

図表13　IMDデジタル競争力ランキング 2020

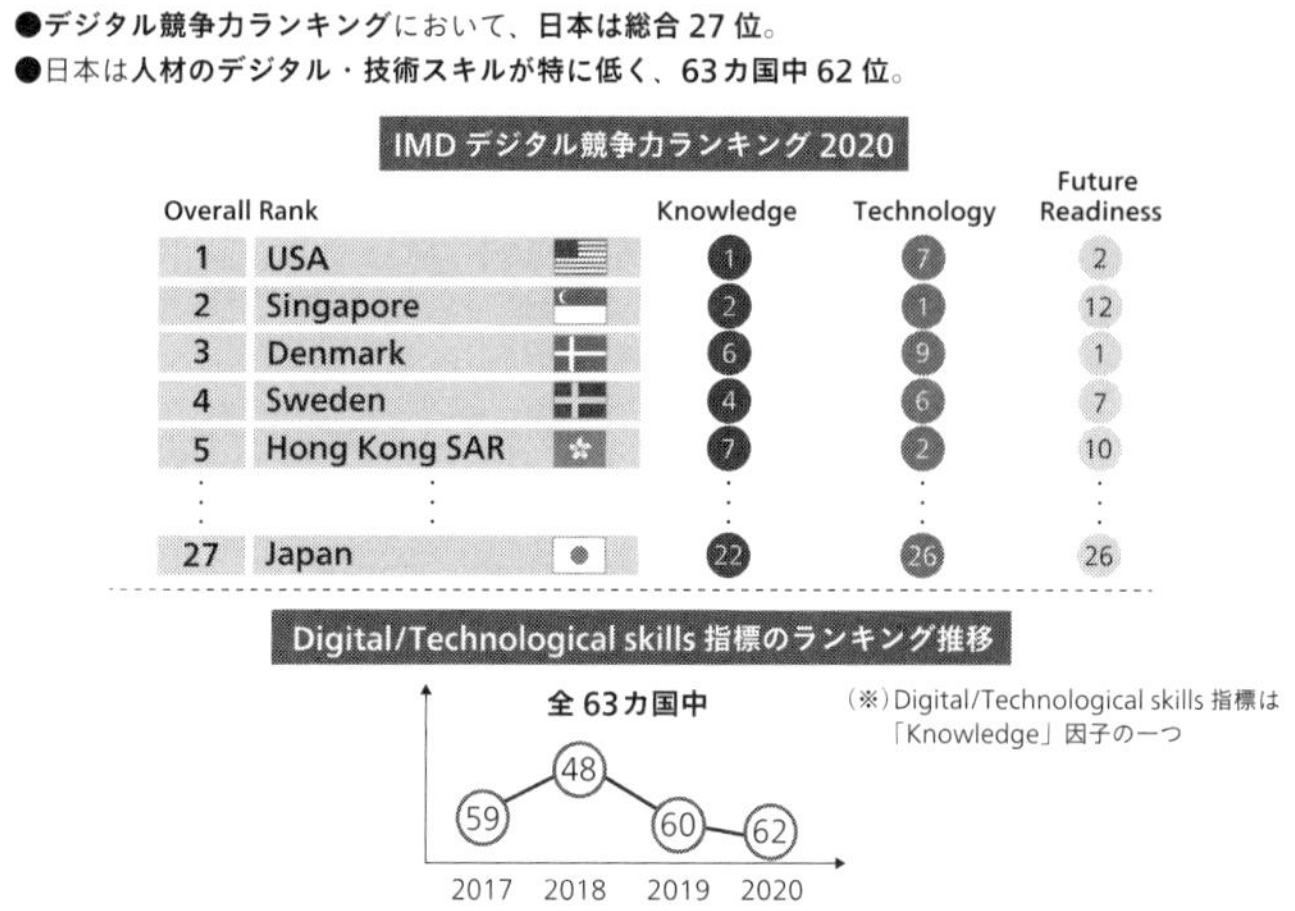

（出所）IMDデジタル競争力ランキング、「IT人材需給に関する調査」を基に作成。
【資料】経済産業省「産業構造審議会総会（第28回）」

をランキング化している。２０２０年のランキング（図表13）を見ると、総合ランキング１位はアメリカで、シンガポール、デンマーク、スウェーデン、香港と続く。日本は総合27位とかなり低い。

特に人材のデジタルスキル・技術スキルを指標化したものについてのランキングでは、日本は全63ヵ国中62位と惨憺《さんたん》たる状況である。

設備投資、研究開発の後れも深刻である。

図表14の左図は２００８年のリーマンショック後の企業の設備投資額の推移、右図は研究開発投資額の推移である。リーマンショック後にアメリカをはじめ諸外国はすぐに回復しているのに対し、日

図表14　リーマンショック後の企業の設備投資額、研究開発投資額

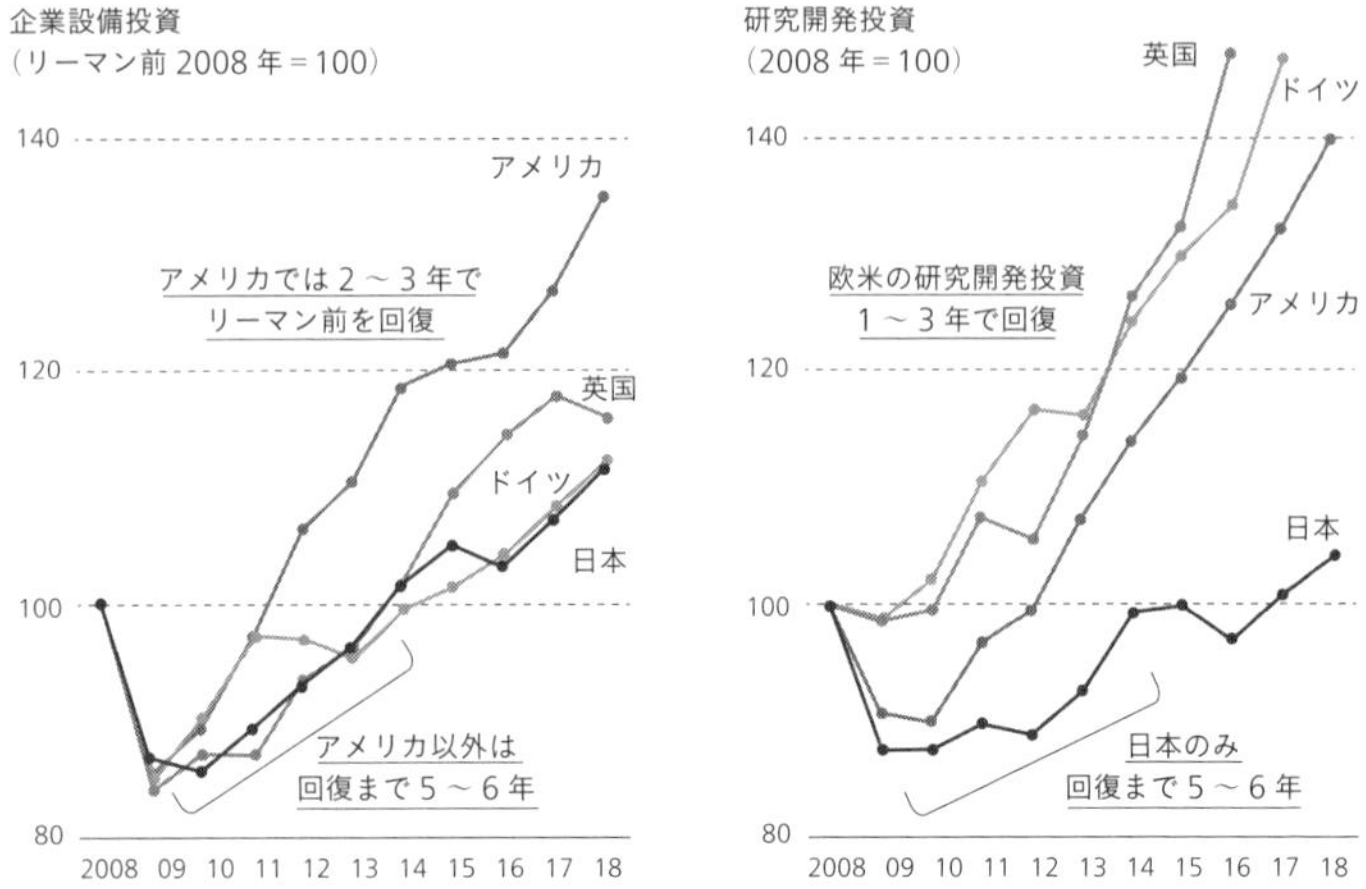

【資料】経済財政諮問会議（2020年4月27日）

本だけは回復が遅れてしまった。特に研究開発は顕著である。

図表15は営業利益を設備投資や研究開発にどの程度、充当しているかを見る指標である。ここでもアメリカは惜しみなく設備投資や研究開発投資に資金を回している。しかし現在の日本企業は、営業利益が出ても設備投資や研究開発投資には回していない。

設備投資は期待成長率に大きく左右されるが、日本では低成長が常態化し先行きの不透明感も強まっていることから、企業経営者も攻めの設備投資をしようというマインドにはなりにくい。

そこで国としても、補助金や税制の優遇

図表15　企業の営業利益に対する設備投資、研究開発投資の比率
（日米比較、2011年＝「100」で指数化）

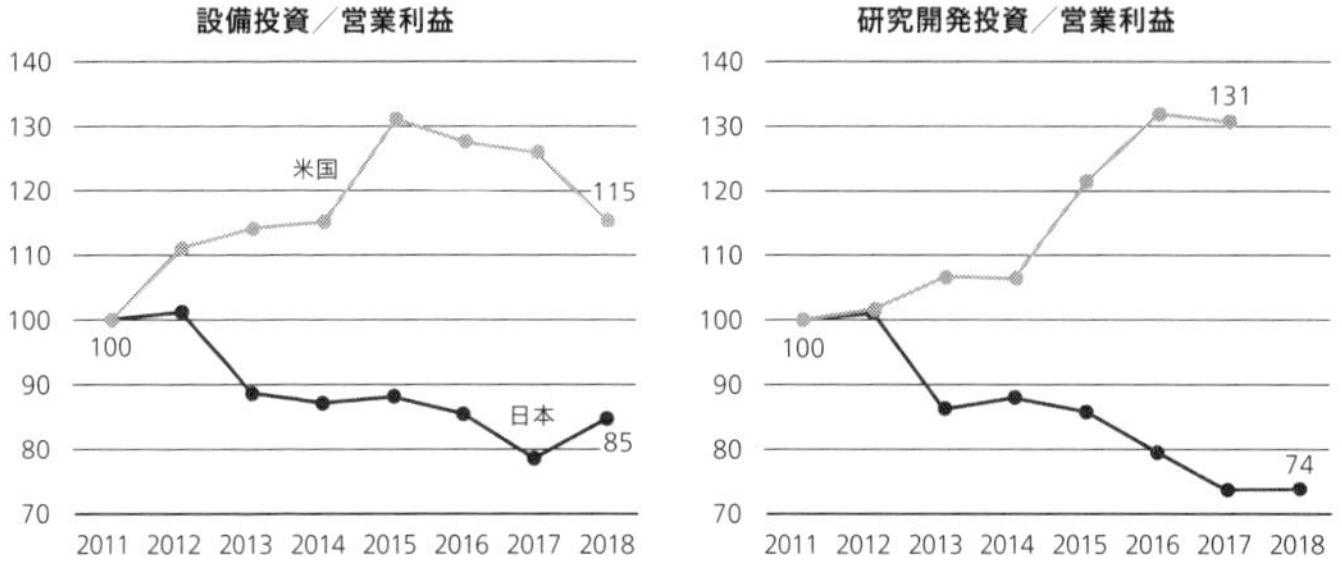

（注）日本は年度、米国は暦年。
（出所）財務省「法人企業統計」、経済産業省「企業活動基本調査」、U.S. Census Bureau「Quarterly Financial Report」、National Science Foundation「Annual Capital Expenditures Survey」、「Business Research and Development and Innovation」を基に作成。
【資料】経済産業省「産業構造審議会総会（第28回）」

など、一歩踏み出しやすい環境を整えているが、なかなか進んでいないのが現状である。

図表16の上の図は、企業によるOJT（On the Job Training）以外の人材投資を各国別に見たものである。

つまりOFF-JT（Off the Job Training）の分野だが、日本はもともとこの分野を苦手としている。各国と比較しても、人材投資額はGDP比率で見ると圧倒的に少ない。

下の図は企業の人材育成・教育訓練費が賃金を含めた労働費用に占める割合を示している。

年によって上下はあるが、全体の傾向としては低下している。

研修や資格取得など感覚的にはもっと人

図表16
企業によるOJT以外の人材投資（GDP比）

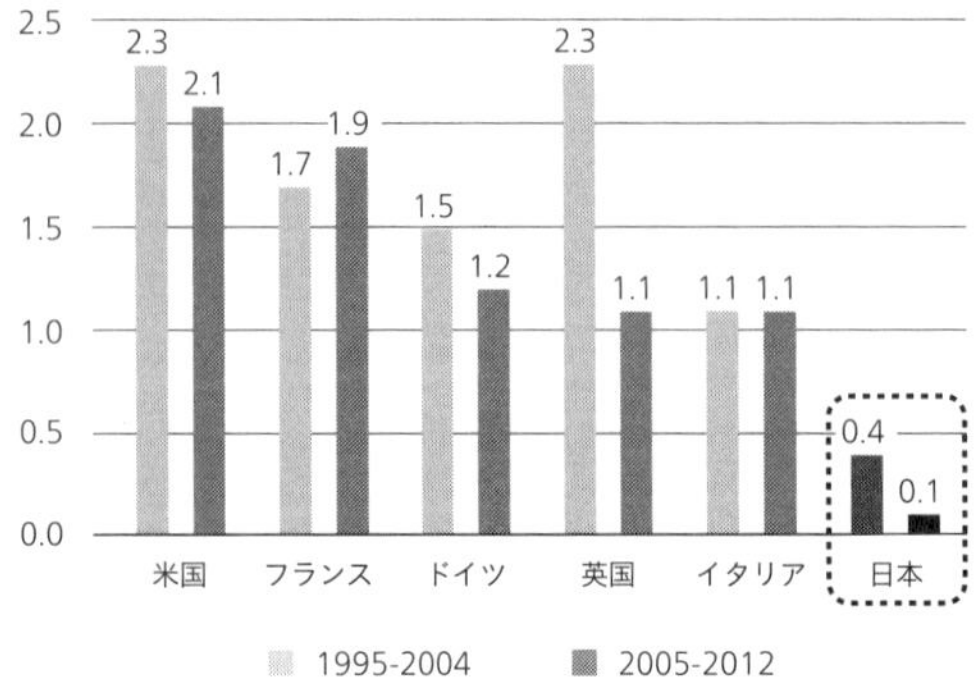

（出所）宮川（2018）「生産性とは何か」を基に作成。
【資料】経済産業省「産業構造審議会総会（第24回）」

企業の人材育成・教育訓練費（労働費用に占める割合）

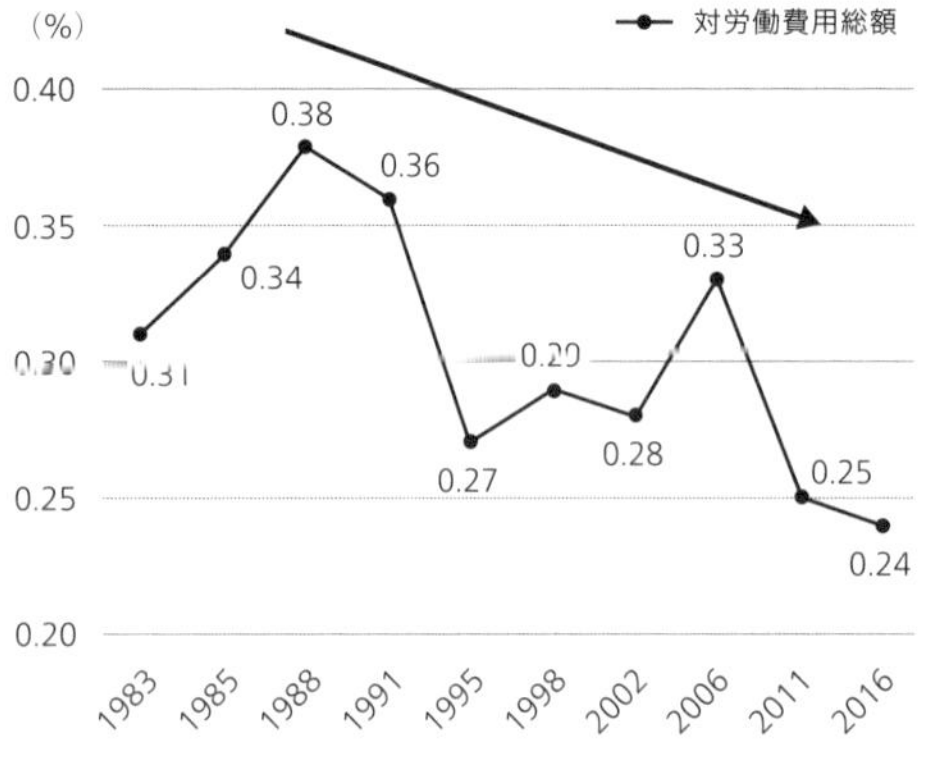

（注）ここでの労働費用は、現金給与を除いたもの。企業の労働費用総額から現金給与を除いた額に対する、教育訓練費の割合。
（出所）平成28年第15回経済財政諮問会議資料を参考に、厚労省「就労条件総合 調査」等から作成（1983年は「労働者福祉施設制度等調査」、1985～1998年 は「賃金労働時間制度等総合調査」）を基に作成。
【資料】経済産業省「産業構造審議会総会（第24回）」

図表17

米国における職業別就業者シェアの変化（16-64歳）　　日本における職業別就業者シェアの変化

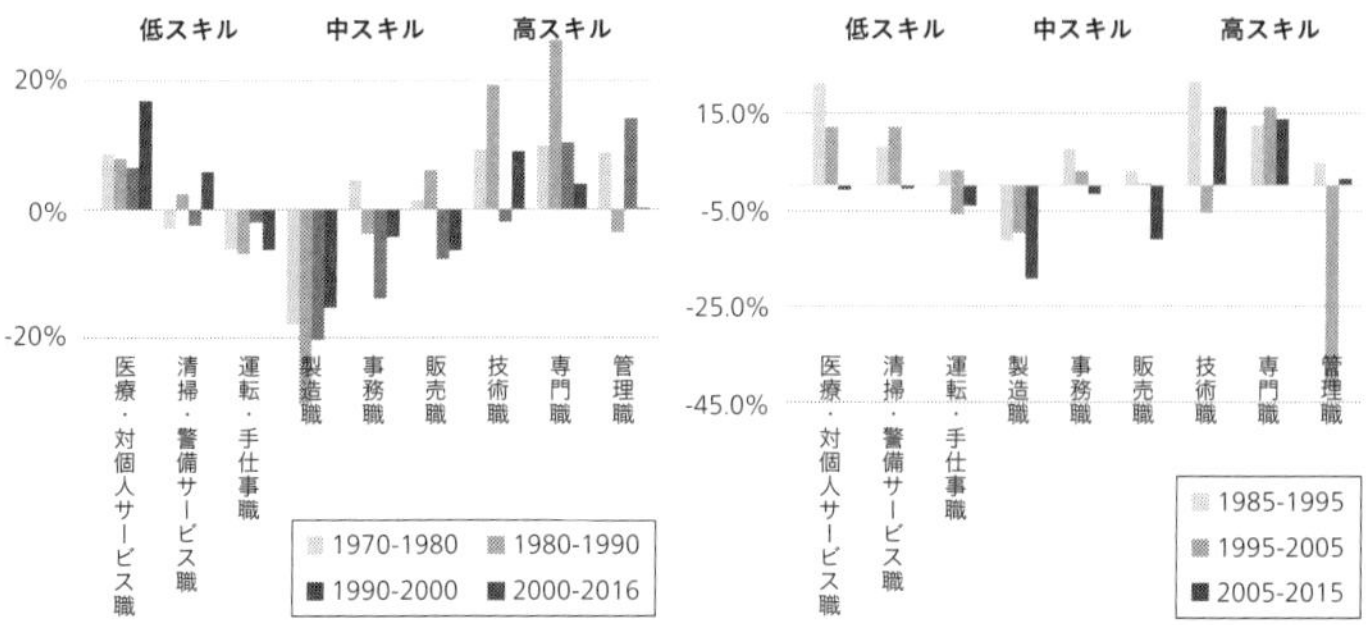

（注）各職業に係る総労働時間（就業者数に労働時間を乗じたもの）のシェア伸び率であることに留意。
（出所）Autor（2019）「Work of the Past, Work of the Future」
【資料】経済産業省「産業構造審議会総会（第28回）」

（参考）Daron Acemoglu, David Autor,「Skills, Tasks and Technologies:Implications for Employment and Earnings」（2010）を参考に職業を分類。米国の分析と異なり、職業者数のシェア変化であること、全年齢が対象であること、清掃・警備職には自衛官を含む（米国は軍人を除外）ことに留意。
（出所）総務省「国勢調査」を基に作成。

材教育をしているような印象を受けるが、実状としては下がっている。

図表17の左の図はアメリカの職業別就業者シェアの変化を示している。

アメリカをはじめ世界的に低スキルと高スキルの人材が増えていて、真ん中の中スキルの人材が減っている状況にある。日本も基本的には同じ傾向にあり、スキルの二極化が起こっている。労働生産性を高めるには、低スキルを中スキルに、中スキルを高スキルに引き上げるための教育が必要になる。

その意味で最近注目されているのがリカレント教育（学び直し）である。しかし、かねて日本人は修士課程や博士課程を取得しようとする人が少ないうえに、

図表18　事業セグメント別の営業利益率の分布

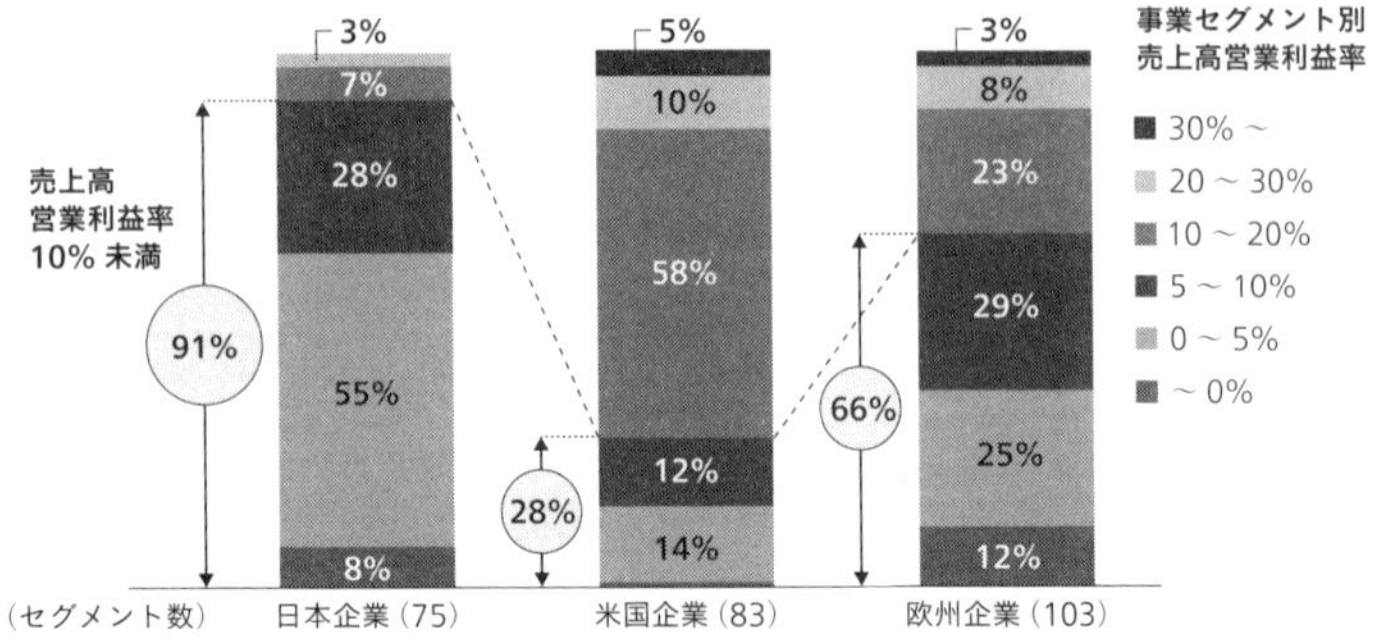

(出所) Bloombergデータベースを基に、デロイトトーマツコンサルティングが作成した資料を経済産業省にて加工。事業セグメント別売上高・営業利益の両方を、06～13年度の8期連続で取得可能な世界連結売上TOP500の中から、各国別多角化度(ハーフィンダール指数)上位50%、海外売上高比率20%以上の企業を対象に分析。
【資料】経済産業省「産業構造審議会総会(第26回)」

社会人になった後、より高度な教育を受けようとする人は少ない。

社会人として働いて経験を積み、30歳を超えてから改めて修士課程に入学する人の割合を見ると、日本はOECD諸国の平均（21・9％）よりもはるかに低い13・2％という水準にとどまっている。

教育に対する企業の投資も減り、個人が学ぼうとする意欲でも遅れている。これらは労働生産性の低さにつながっていると思われる。

日本企業の収益性の低さについては以上の問題のほかに、不採算な事業を持ち続けている点が指摘されている。

図表18は、事業セグメント別の営業利益率の分布を示している。

中央の米国企業は、10％以下の営業利益率

図表19　日米企業の規模・多角化度別の営業利益率（2000～2012年平均）

多角化度＼規模		小規模	中規模	大規模	巨大規模
専業	日本	8.8%	5.9%	6.5%	7.0%
	米国	-0.5%	11.4%	7.7%	10.4%
準専業化	日本	7.4%	5.3%	6.2%	**6.2%**
	米国	4.7%	11.5%	10.7%	**7.8%**
準多角化	日本	6.2%	5.7%	5.2%	**4.7%**
	米国	9.9%	9.2%	8.3%	**8.6%**
多角化	日本	5.1%	5.4%	5.4%	**3.0%**
	米国	-15.2%	9.0%	11.0%	**13.7%**

多角化度
専業：～10%
準専業化：10～30%
準多角化：30～50%
多角化：50%～

規模（売上高）
小規模：～500億円
中規模：500億～5,000億円
大規模：5,000億～2兆円
巨大規模：2兆円～

（注）調査対象企業は、日本はTOPIX対象銘柄、米国はNYSE総合指数構成銘柄。「多角化度」は、売上高構成比率が最大の事業以外の売上高が、全体の売上高に占める割合。米国の「規模（売上高）」は、1USD=100円により円換算して区分。
（出所）経済産業省委託調査。Bloombergデータを基にデロイトトーマツコンサルティングが作成。
【資料】経済産業省「産業構造審議会2050経済社会構造部会」（第5回）

図表20　企業年齢と利益率（ROA）の関係

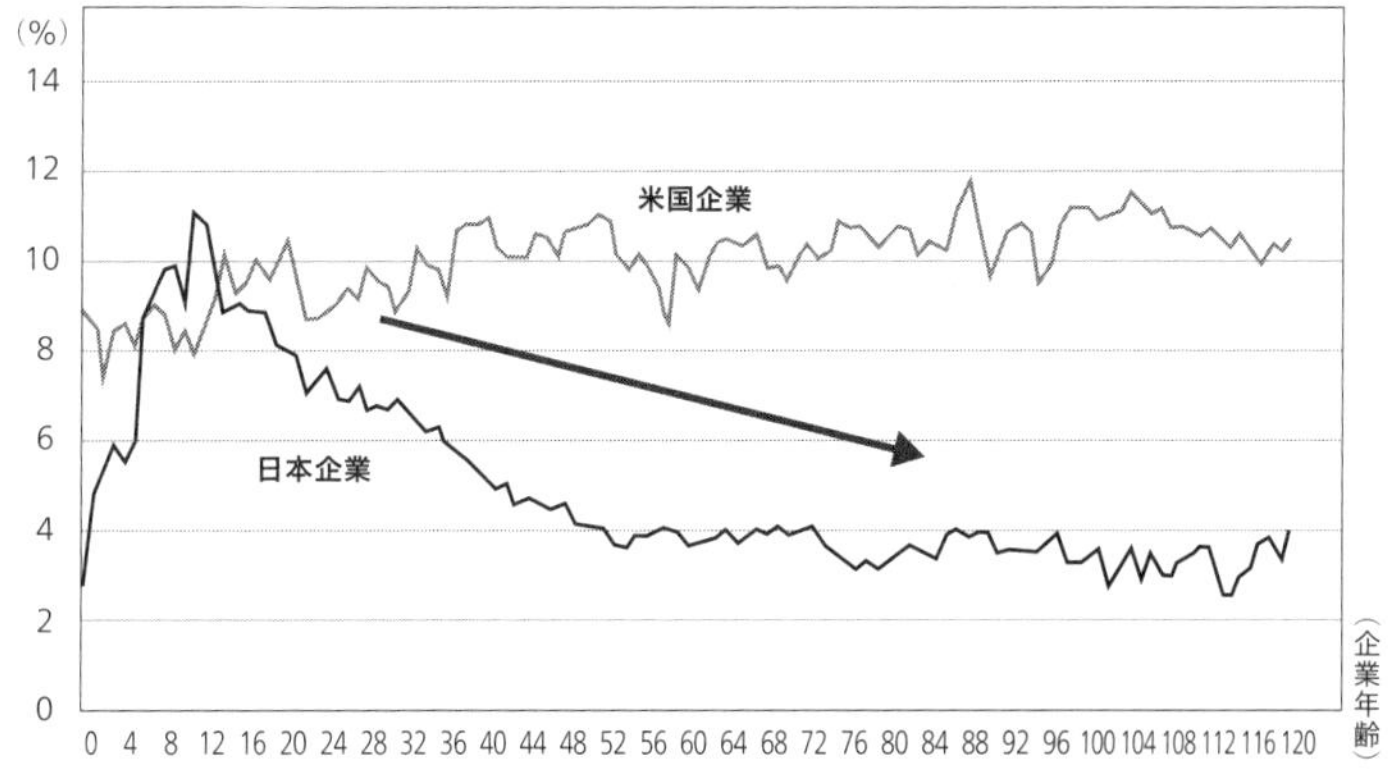

（注）　1978～2015年の上場企業（金融・保険・不動産業を除く）のROA（総資本利益率：利益は営業利益）を集計したもの。
（出所）YAMAGUCHI、NITTA、HARA、SHIMIZU（2018）「Staying Young at Heart or Wisdom of Age: Longitudinal Analysis of Age and Performance in US and Japanese Firms」
【資料】経済産業省「産業構造審議会2050経済社会構造部会」（第5回）

しかない低収益のセグメントが28％にとどまる。欧州企業は米国企業と比較してかなり多く、低収益のセグメントは66％に及ぶ。

一方、左の日本企業は米国企業との比較は言うに及ばず、欧州企業との比較でもはるかに低収益のセグメントを多く保有している。その割合は91％に及ぶ。

図表19を見ると明らかなように、米国企業は大規模化・多角化によって営業利益率が上昇する傾向にある。反対に、日本企業は大規模化・多角化が進むにつれて営業利益率が低下していることがわかる。

日本企業では、多角化による非効率が生じていることがうかがえる。

図表20は企業年齢と利益率（ROA）の関係の日米比較である。

米国企業は、企業年齢にかかわらず、利益率（ROA）は一定水準を維持している。これに対し、日本企業は、約10年でピークを迎え、その後は企業が創設から年を経るほど、利益率（ROA）が低下しており、既存企業の構造改革に課題があるとの指摘がある。

企業の成長にM&Aは有効か

我が国の企業の収益性が低いこと、その要因として「デジタル競争力」、「設備投資と研究開発」、「人材育成」で後れを取っていること、さらに不採算部門が多いことを述べた。これらの課題を解決するうえでM&Aは有効な経営戦略の手段になり得る。

よく言われるのは、M&Aは時間を買う効果があるという点だ。当然ながらでき上がった企業や事業を買収するので、ゼロから新規に立ち上げるよりは短期間で投資効果を得られやすい。人材の確保ができる点も有効だ。デジタル部門をはじめ高いスキルを持った人材は不足している。そうした人材を一気に確保できるという意味でも、M&Aは非常に効果的である。人材だけでなく、設備も研究開発の成果も同様だ。時間を買う効果は大きい。

さらに、M&Aによって硬直化した事業構造の再編も可能となる。不採算のセグメントを切り出して売る、他社のセグメントを買うというダイナミックな戦略は、M&Aによってこそ実現できる。

新型コロナウイルス感染症の影響であらゆる企業が事業戦略やビジネスモデルの見直しを迫られている。さらに株主至上主義の修正や環境問題、SDGs・ESGの視点など、経営上の新たな課題は多い。そうしたさまざまな課題を解決していくためには大胆な経営・事業改革が必要であり、その取組みを加速するうえでもＭ＆Ａは有効だろう。

日本におけるＭ＆Ａの歴史

日本におけるＭ＆Ａの歴史は、意外と古く、明治以降、活発に行われてきた。戦前は、紡績、電力、製鉄、製紙のような規模の経済が働く分野でＭ＆Ａが日常的に行われていた。

一方、戦後は、一部の例外を除いて少なくとも１９９０年代前半ごろまでは下火だった。その要因として、三つが挙げられる。

第一の要因は、良好な経済環境である。そもそも高度成長からバブル崩壊までの間は日本の経済状況が良好で、企業も総じて持続的な成長を実現していたため、売り案件が少なかった。業績が悪化してもメインバンクが救済するケースが多く、企業や事業を売却するようなことは少なかった。

第二の要因は、制度的なハードルである。

具体的な例が独占禁止法だ。当時は独占禁止法が厳しく運用されていたため、水平的合併が抑制されていた。

戦後の復興と高度成長を支えたメーカーのケイレツや、銀行が取引先を丸抱えで守るメインバンク制など、強固な縦割りの世界が構築されていたことも大きい。その縦割りを超えて合併するのが難しかったのである。

第三の要因は、資金的な制約だ。

M&Aでは当然のことながら、買い手は買収資金を調達しなければならない。現在は金融技術が高度化し、LBO（レバレッジド・バイアウト＝買収先企業の資産を担保に借金をし、少ない自己資金で買収する方法）ファイナンスをはじめとして、買い手はさまざまな手法で買収資金を工面できる。しかしながら、当時は大企業も含めて、資金を調達しようとする企業自身の信用力をもとに行う銀行からの単純な借り入れによることが多かった。資金的な余力がそれほどなかったこともあり、買収資金を市場から調達するような発想はなかったのである。

しかしながら、1990年代後半以降はM&Aが徐々に増加した。その理由は、ブレーキとなっていた三つの要因が逆方向に振れたためだ。

第一の要因であった「良好な経済環境」は、バブル崩壊によって一変した。雇用・設備・債務の三つの過剰が問題となり、その過剰を処理する方法としてM&Aが使われ始めた。

第二の要因であった「制度的なハードル」についても、この時期にさまざまな規制改革が行われた。たとえば、独占禁止法によって禁止されていた持株会社が１９９７年に解禁されたことで、当事者企業が独立性を維持しながら統合を実現できるようになった。また、１９９８年の大規模小売店舗立地法の制定などにより、大型店の出店の自由化が進められるなどした。

ケイレツの面でも、いわゆる「脱ケイレツ」の動きが起こった。メインバンク制の見直しも始まった。

第三の要因だった「資金的な制約」についても、企業が内部留保を蓄積することで相当な余力が生まれた。また、銀行のほかにファンドのようなプレーヤーが現れ始めたことで資金調達手段も多様化した。

こうした要因が重なり、日本においてもＭ＆Ａが１９９０年代後半以降、活発化した。最近では経営者の高齢化や後継者不在などによる事業承継の手法としても注目されている。

Ｍ＆Ａが日本経済にどのように貢献しているかを精緻に分析するにはもう少しデータの蓄積が必要かもしれないが、Ｍ＆Ａによって他者が保有していた経営資源を活用することで、自社の既存事業とのシナジー効果を得て生産性向上を実現する効果は十分期待できると認識している。

図表21　M&Aによる生産性向上等の波及経路の例

成長を促す要因（M&Aの主な目的）	M&Aグロースを選択する誘因 低成長経済において「強化、拡大、参入、防衛」の有力な選択肢
①規模の拡大によるコア事業の強化・拡大	同業買収によるシェアの拡大、市場支配力の強化、クリティカルマスの確保 経営資源の統廃合、仕入れ交渉力の強化等によるコスト削減 販売チャネルの相互活用、製品ラインナップの補完 ターゲット企業をライバルに買われないための防衛的買収
②垂直統合によるコア事業の強化・拡大	既存仕入先買収等により仕入コスト削減や商品付加価値の向上 既存販売先買収等による販路拡大や情報収集力の強化 バリューチェーンの自社コントロール領域拡大によるリスクの軽減や収益機会の確保
③新規ビジネスへの参入	新しいビジネスモデルの獲得 自社にない人材、スキル・ノウハウ、知財、許認可等の確保 新たな企業文化の獲得・生成 不連続でスピーディな変革の実現
④成熟・衰退事業の再編	残存者利益の確保 右肩下がりの市場における生き残りの可能性追求 海外企業等の強力な新規参入者への対抗
⑤グループ内再編	事業ポートフォリオの組み換え（その準備を含む） ガバナンスの強化 経営効率の向上

（出所）KPMG M&A Survey March 2019を基に、レコフデータが作成。

【資料】中小企業庁「中小企業の経営資源集約化等に関する検討会」第5回事務局資料

レコフデータが作成した資料（図表21）によると、M&Aによる生産性向上の波及経路には次のようなものがあるという。

①規模の拡大によるコア事業の強化・拡大
同業買収によるシェアの拡大、市場支配力の強化、クリティカルマスの確保
経営資源の統廃合、仕入れ交渉力の強化等によるコスト削減
販売チャネルの相互活用、製品ラインナップの補完
ターゲット企業をライバルに買われないための防衛的買収

②垂直統合によるコア事業の強化・拡大
既存仕入先買収等により仕入コスト削減や商品付加価値の向上

既存販売先買収等による販路拡大や情報収集力の強化
バリューチェーンの自社コントロール領域拡大によるリスクの軽減や収益機会の確保

③新規ビジネスへの参入
新しいビジネスモデルの獲得
自社にない人材、スキル・ノウハウ、知財、許認可等の確保
新たな企業文化の獲得・生成
不連続でスピーディな変革の実現

④成熟・衰退事業の再編
残存者利益の確保
右肩下がりの市場における生き残りの可能性追求
海外企業等の強力な新規参入者への対抗

⑤グループ内再編
事業ポートフォリオの組み換え（その準備を含む）
ガバナンスの強化
経営効率の向上

図表22　日本のM&Aの推移

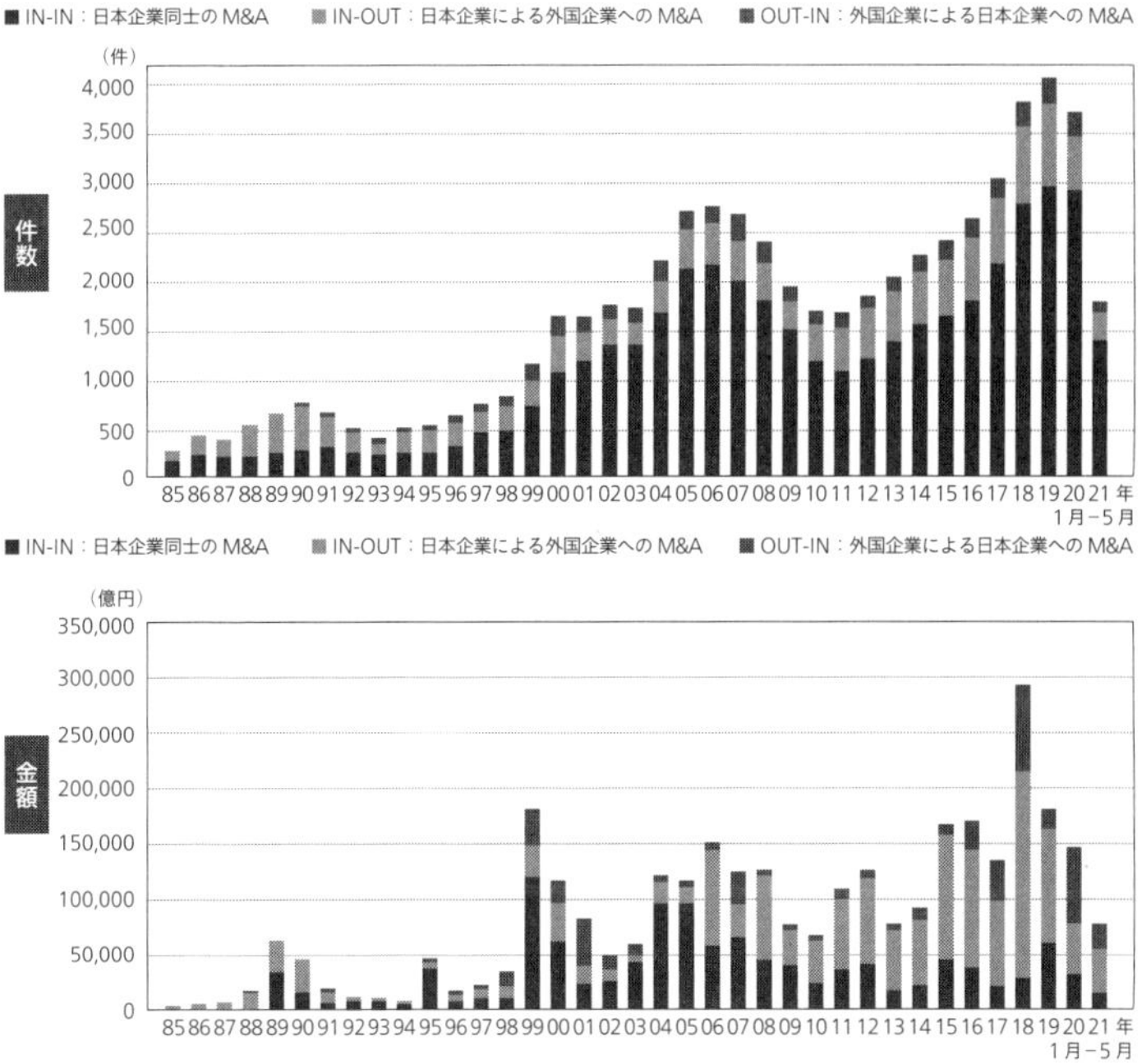

【資料】レコフデータ

M&Aによって必ず価値が上昇し、生産性が向上するわけではない。そもそもM&Aの効果は買った瞬間に実現するわけではなく、経営統合し実際に事業を展開してから発現するものである。それだけに効果が測りにくい面はあるが、成功している企業があるのはまぎれもない事実である。日本経済にポジティブな影響を与えるポテンシャルは十分にあると考えられる。

図表22は、日本のM&Aの推移を件数と金額から見

たものである。

件数で見ると、リーマンショック後の一時的な落ち込みはありつつも、1990年代後半以降、増加傾向にあることがわかる。

一方、金額で見ると、注目すべきはIN―OUT（日本企業による外国企業へのM&A）が2000年代後半あたりから増えている点である。

日本企業が外国企業を買う大型のM&Aが定着しつつあることがうかがえる。

日本経済における中小企業の役割と重要性

ここまで大企業を中心にM&Aを巡る状況等を説明してきた。次に、中小企業にとってのM&Aを概観したい。まずは、日本の中小企業の位置付けについて再確認する。

中小企業は、企業数でも従業員数でも付加価値額でも、どのような切り口で見ても圧倒的に多数を占めている（図表23）。

しかしながら、このように圧倒的に多数を占めている中小企業の労働生産性は、低水準で、

図表23　業種別・企業規模別の内訳（上段：企業数、中段：従業者数、下段：付加価値額）

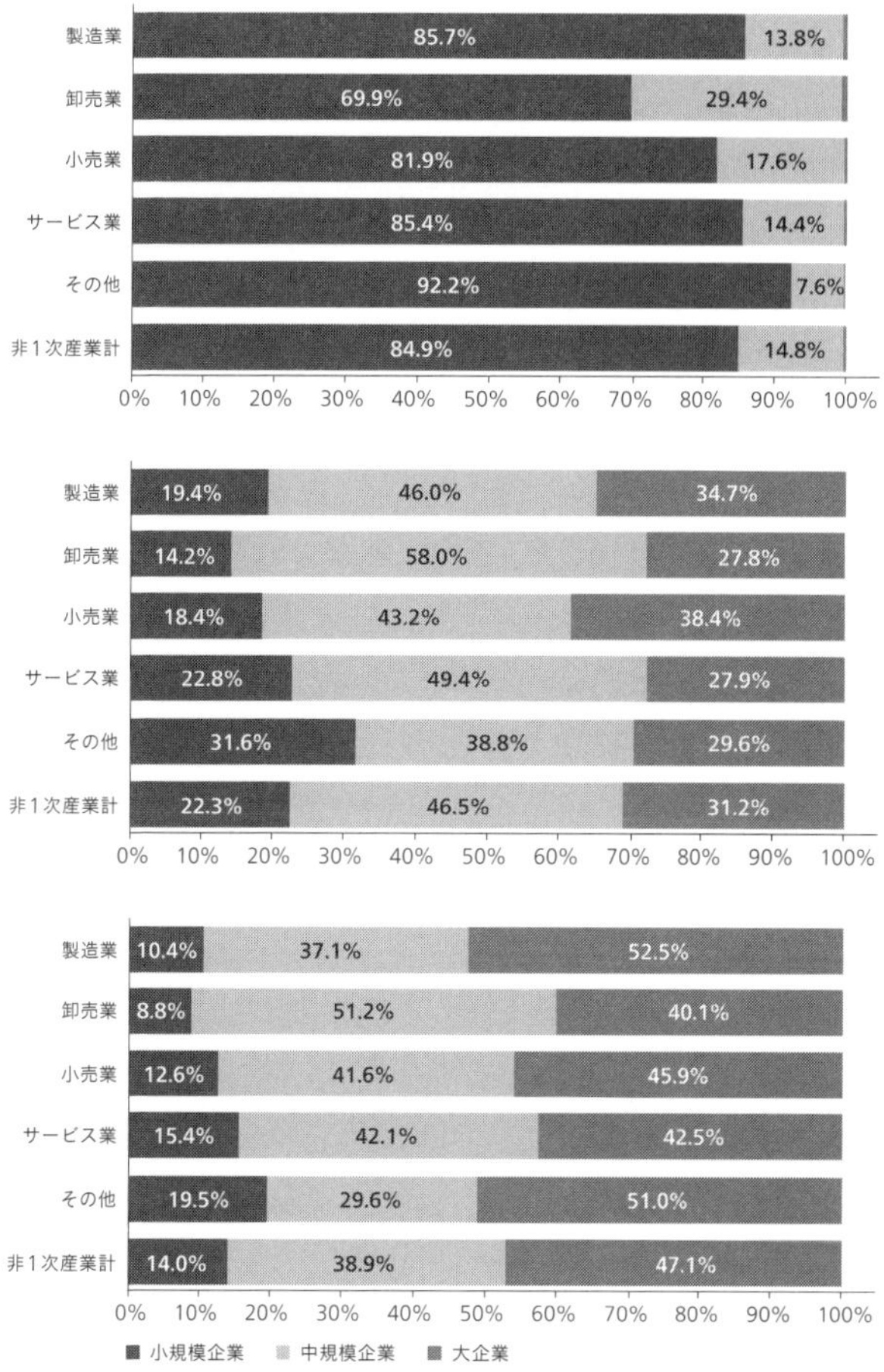

（注）1.企業数＝会社数＋個人事業者数とする。
2.「サービス業」には、「情報通信業」、「不動産業、物品賃貸業」、「学術研究、専門・技術サービス業」、「宿泊業、飲食サービス業」、「生活関連サービス業、娯楽業」、「教育、学習支援業」、「医療、福祉」、「複合サービス事業」、「サービス業（他に分類されないもの）」が含まれる。「その他」には、「鉱業、採石業、砂利採取業」、「建設業」、「電気・ガス・熱供給・水道業」、「運輸業、郵便業」、「金融業、保険業」が含まれる。
（出所）総務省・経済産業省「平成28年経済センサス-活動調査」再編加工。
【資料】中小企業白書（2021）

図表24　企業規模別従業員一人当たり付加価値額（労働生産性）の推移

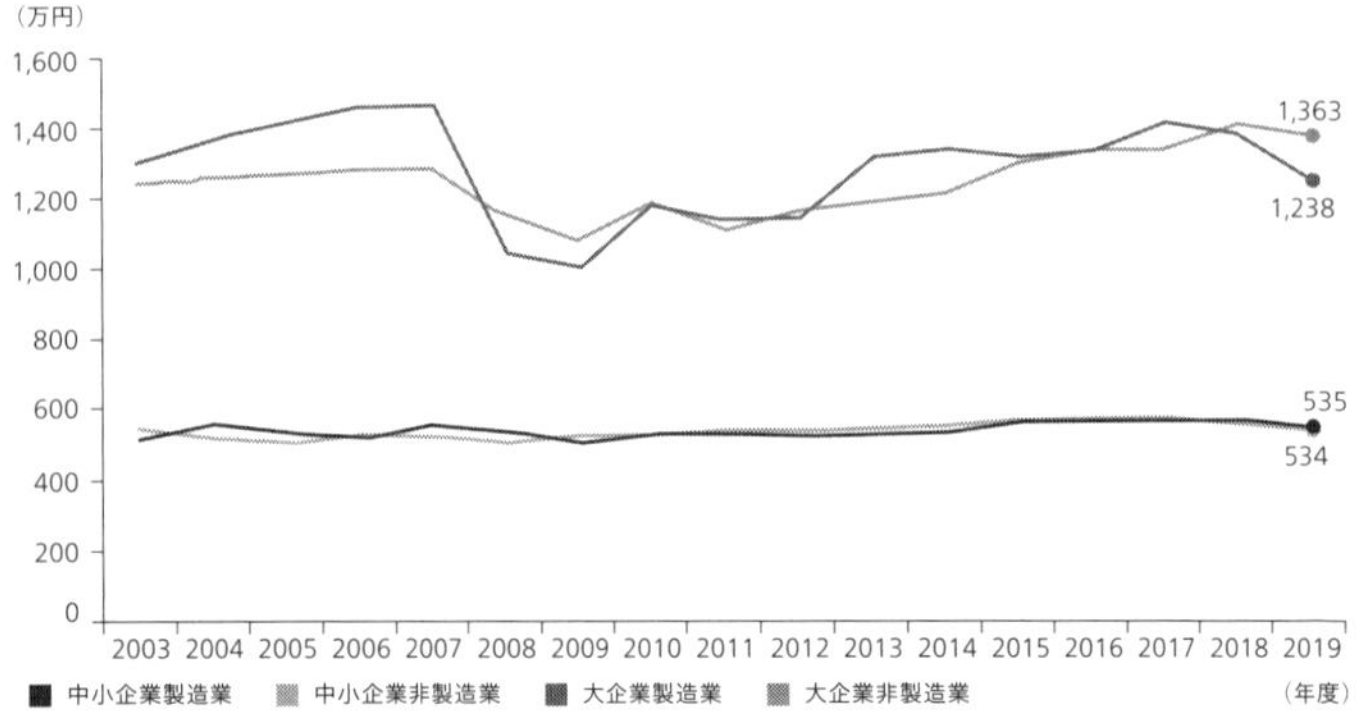

（注）1.ここでいう大企業とは資本金10億円以上、中小企業とは資本金1億円未満の企業とする。
2.平成18年度調査以前は付加価値額＝営業純益（営業利益－支払利息等）＋役員給与＋従業員給与＋福利厚生費＋支払利息等＋動産・不動産賃借料＋租税公課とし、平成19年度調査以降はこれに役員賞与、及び従業員賞与を加えたものとする。
（出所）財務省「法人企業統計調査年報」
【資料】中小企業白書（2021）

かつ伸びていない（図表24）。

ただし、注意が必要なのは、中小企業は多様性が大きいということである。資本金、従業員数、売上高のそれぞれで極めて大きなばらつきがある。

この多様性を理解したうえで、中小企業の存在意義を考える必要がある。ここで、中小企業基本法の「基本理念」を紹介したい。

中小企業基本法

（基本理念）

第三条　中小企業については、多様な事業の分野において特色ある事業活動を行い、多様な就業の機会を提供し、個人がその能力を発揮しつつ事業を行う機会を提供することにより我が国の経済の基盤を形成しているものであり、特に、多数の中小企業者が創意工夫を生かして経営の向上を図るための事業活動を行うことを通じて、新たな産業を創出し、就業の機会を増大させ、市場における競争を促進し、地域における経済の活性化を促進する等我が国経済の活力の維持及び強化に果たすべき重要な使命を有するものであることにかんがみ、独立した中小企業者の自主的な努力が助長されることを旨とし、その経営の革新及び創業が促進され、その経営基盤が強化され、並びに経済的社会的環境の変化への適応が円滑化されることにより、その多様で活力ある成長発展が図られなければならない。

2　中小企業の多様で活力ある成長発展に当たっては、小規模企業が、地域の特色を生かした事業活動を行い、就業の機会を提供するなどして地域における経済の安定並びに地域住民の生活の向上及び交流の促進に寄与するとともに、創造的な事業活動を行い、新たな産業を創出するなどして将来における我が国の経済及び社会の発展に寄与するという重要な意義を有するものであることに鑑み、独立した小規模企業者の自主的な努力が助長されることを旨としてこれらの事業活動に資する事業環境が整備されることにより、小規模企業の活力が最大限に発揮されなければならない。

このなかで、注目すべきフレーズをいくつか抜き出してみよう。

「我が国の経済の基盤を形成している」
「我が国経済の活力の維持及び強化に果たすべき重要な使命を有する」
「地域における経済の安定並びに地域住民の生活の向上及び交流の促進に寄与する」
「将来における我が国の経済及び社会の発展に寄与するという重要な意義を有する」

これらを見ると、中小企業については、必ずしも成長だけが求められているわけではないことがわかる。地域の安定や地域住民の生活の向上など、経済的な価値以外の価値の提供も求められている。闇雲に生産性を上げるだけで中小企業の存在意義が高まるわけではない。

中小企業政策を展開するうえでも、中小企業の多様性を理解したうえで取り組んでいく必要がある。

そこで、中小企業政策審議会基本問題小委員会制度設計ワーキンググループにおいて、中小企業を次の四つの類型に整理し、それぞれが目指すべき方向性を提示した。

グローバル型―グローバル展開などにより、中堅企業に成長、高い生産性を実現しようとする企業

サプライチェーン型―独自技術を用いて、サプライチェーンのなかで活躍し、生産性向上を実現しようとする企業

地域資源型―地域資源等を活用、良いモノ・サービスを高く提供し、付加価値向上を実現しようとする企業

地域コミュニティ型―地域の課題解決と暮らしの実需に応えるサービスを提供しようとする企業

グローバル型やサプライチェーン型は生産性を向上させ、日本経済を引っ張っていくような存在になることを目指す企業である。地域資源型と地域コミュニティ型は、地域の生活やコミュニティを支えることが重要な使命で、必ずしも生産性の向上や成長だけではその存在意義は語れない。

中小企業を取り巻く二つの問題

日本における中小企業の位置付けと役割を理解したところで、その中小企業を取り巻く二つの大きな問題について考えてみたい。

一つ目の問題は経営者の高齢化である。経営者も人間なので、高齢化は避けられない。

図表25は年代別に見た中小企業の経営者年齢の分布である。これを見ると、2000年に経営者年齢のピーク（最も多い層）が「50～54歳」であったのに対して、2015年には経営者年齢のピークは「65～69歳」となっており、経営者年齢の高齢化が進んできたことがわかる。

足下の2020年を見ると、経営者年齢の多い層が「60～64歳」、「65～69歳」、「70～74歳」に分散しており、これまでピークを形成していた団塊世代の経営者が事業承継や廃業などにより経営者を引退していることが示唆される。一方で、70歳以上の経営者の割合は2020年も高まっていることから、経営者年齢の上昇に伴い事業承継を実施した企業と実施していない企業に二極化している様子が見て取れる。

後継者不在率の推移（図表26）を見ると、経営者の年代ごとに多少のばらつきがあるが、全体としては後継者がいない中小企業の割合は改善傾向にある。

図表25　年代別に見た中小企業の経営者年齢の分布

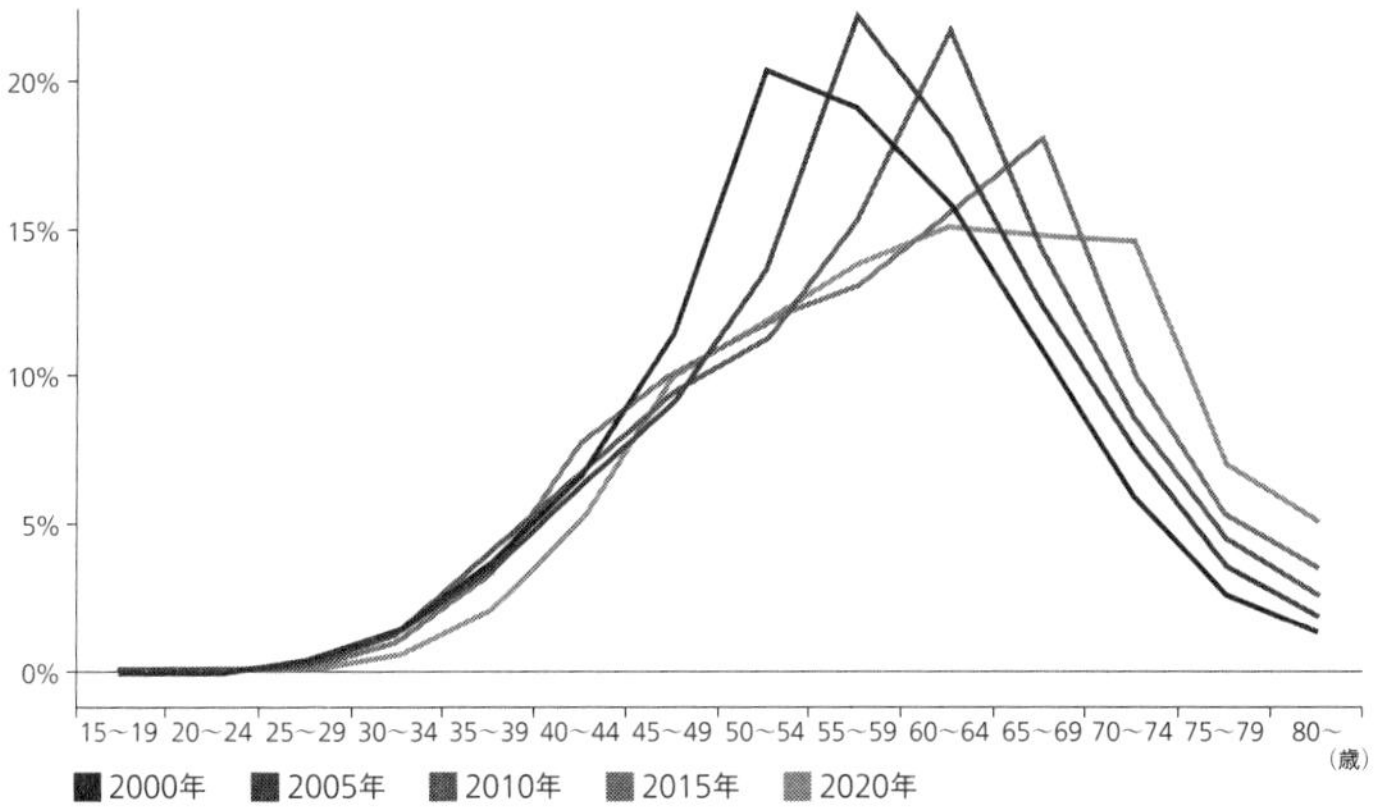

（注）「2020」については、2020年9月時点のデータを集計している。
（出所）（株）東京商工リサーチ「企業情報ファイル」再編加工。
【資料】中小企業白書（2021）

ただし、すべての年代で依然として高水準にあるのは間違いなく、60代経営者の48・2％、70代経営者の38・6％、80代経営者の31・8％に後継者がいない状態となっている。後継者不足の状態を見過ごし、このまま手をこまねいていると、廃業の増加は決定的になってしまう。

事実、企業の休廃業・解散件数の推移（図表27）を見ると、2020年は新型コロナウイルス感染症の影響も相まって年間5万件に迫る勢いであり、過去最多となった。そのうち、実に6割以上の企業が黒字のまま休廃業・解散に追い込まれている。

この状態が続くと、中小企業が保有する日本の誇るべき技術、良質なサービス、地

図表26　後継者不在率の推移（年代別）

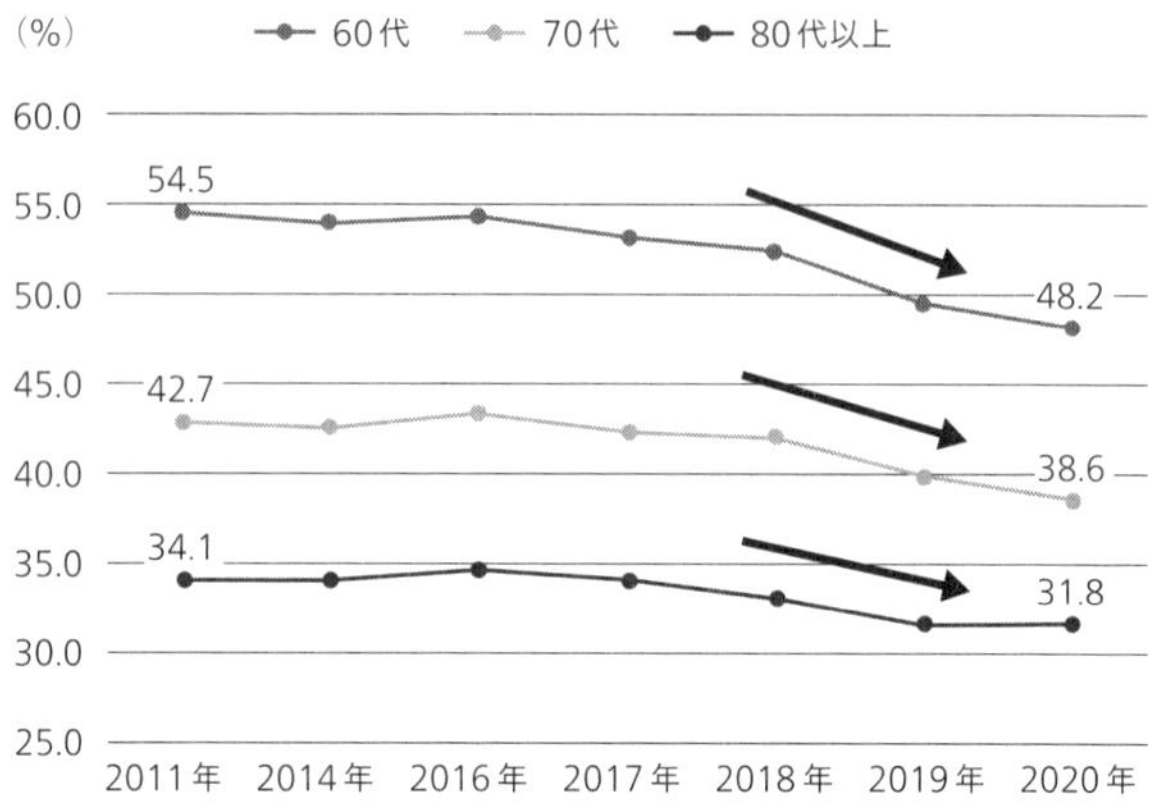

（出所）（株）帝国データバンク「全国企業『後継者不在率』動向調査」より作成。

方の豊かな文化が消失してしまう恐れがある。それは日本のＧＤＰを押し下げ、日本の活力を奪っていくだろう。まさに官民一体となって食い止めなければならない。

もう一つの問題が地域の人口減少である。既述のとおり、日本の人口はすでに減少に転じている。さらに、２０４５年の人口は、７割以上の市区町村で２０１５年に比べ２割以上減少する見込みである（国立社会保障・人口問題研究所「日本の地域別将来推計人口」による）。

人口が減少すれば、地域の需要も減る。製造業であれば場所を問わずに事業活動できるが、小売業やサービス業などで多い対面サービスでは、周囲に人がいるか、いないかによって事業活動の仕方が変わってくる。地域の人口が減少すれば需要も低下することで経

図表27　我が国における廃業等の状況

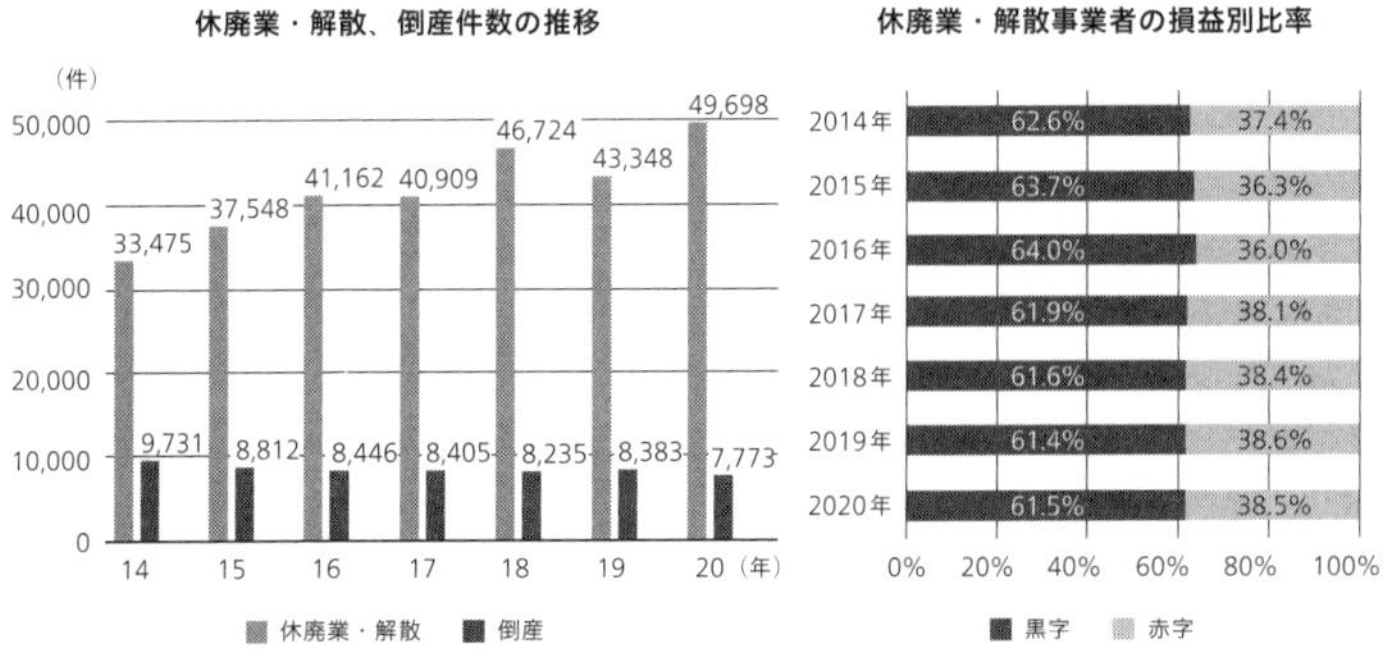

【資料】東京商工リサーチ

図表28　地域課題の解決に当たり、中心的な役割を担うことが期待される者

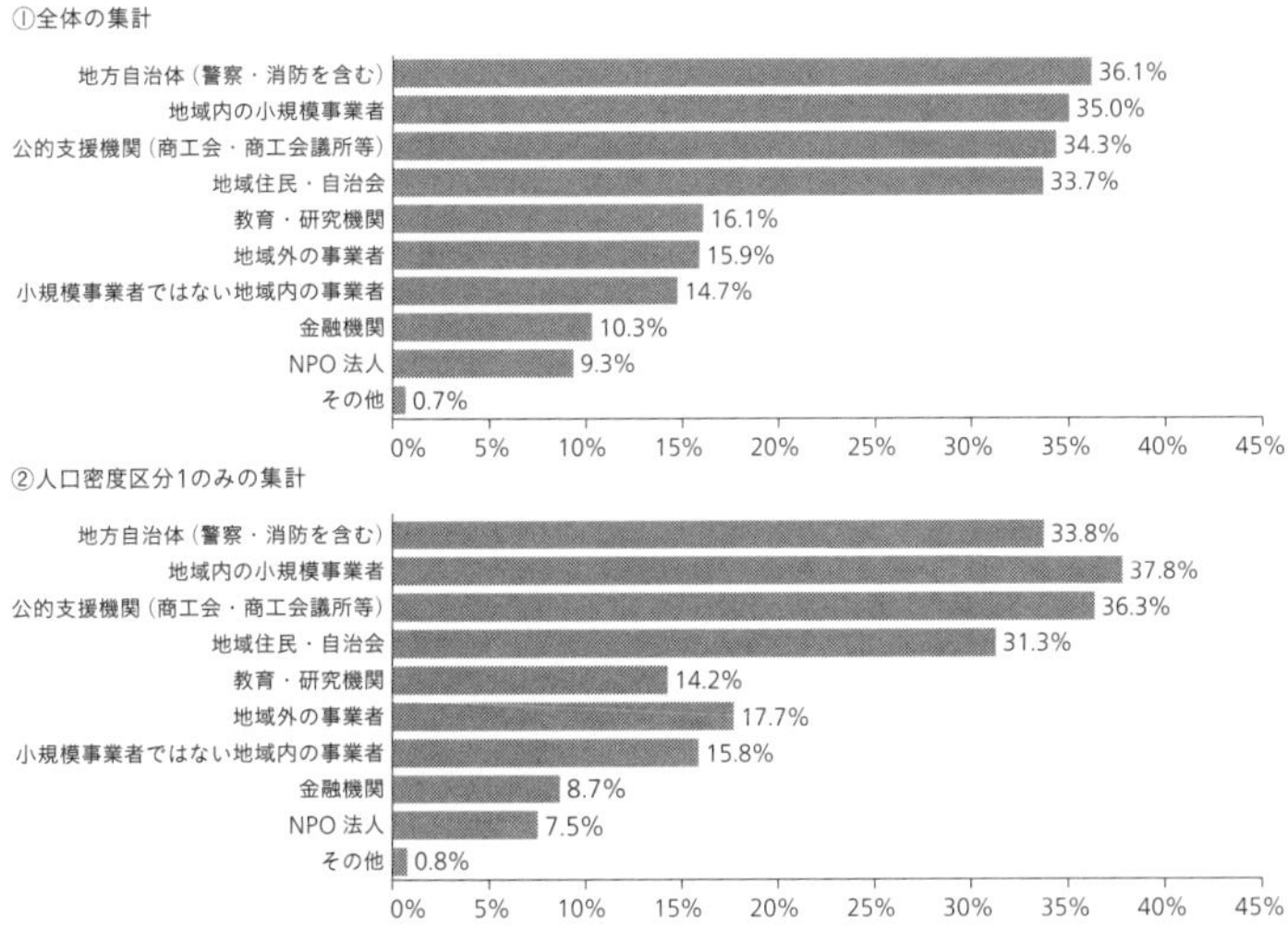

（注）1.①の回答数（n）は、n=3,491。
2.人口密度区分とは、人口密度の四分位で各市区町村を4つの区分（人口密度が小さいものから、区分1～区分4）に分けたもの。
3.②の回答数（n）は、n=796。
4.複数回答のため、合計は必ずしも100%にならない。
（出所）みずほ情報総研（株）「普段の生活と地域とのかかわりに関するアンケート」
【資料】中小企業白書（2020）

営が成り立たなくなるところも出てくるだろう。

特に人口密度が低い地域では小規模事業所の占める割合が高くなっているところ、地域課題の解決にあたり、中心的な役割を担うことが期待される者として、地域内の小規模事業者に期待する住民が多い（図表28）。

こうした状況においては、地域における事業者の事業継続は、地域そのものの持続可能性を左右すると言っても過言ではない。

中小企業の類型に応じた対応の方向性とM&Aの意義

中小企業の類型に応じた対応の方向性はそれぞれ異なるが、まず共通して言えることは、経営者の高齢化や後継者の不在に対応することが必要であるということである。そして、これらによる廃業に伴って経営資源が散逸するような事態を回避するための手段の一つとして、M&Aが有効である。たとえば、M&Aの譲渡側の多くは従業員の雇用継続に高い関心を持っ

図表29　M&A実施後、譲渡企業の従業員の雇用継続の状況

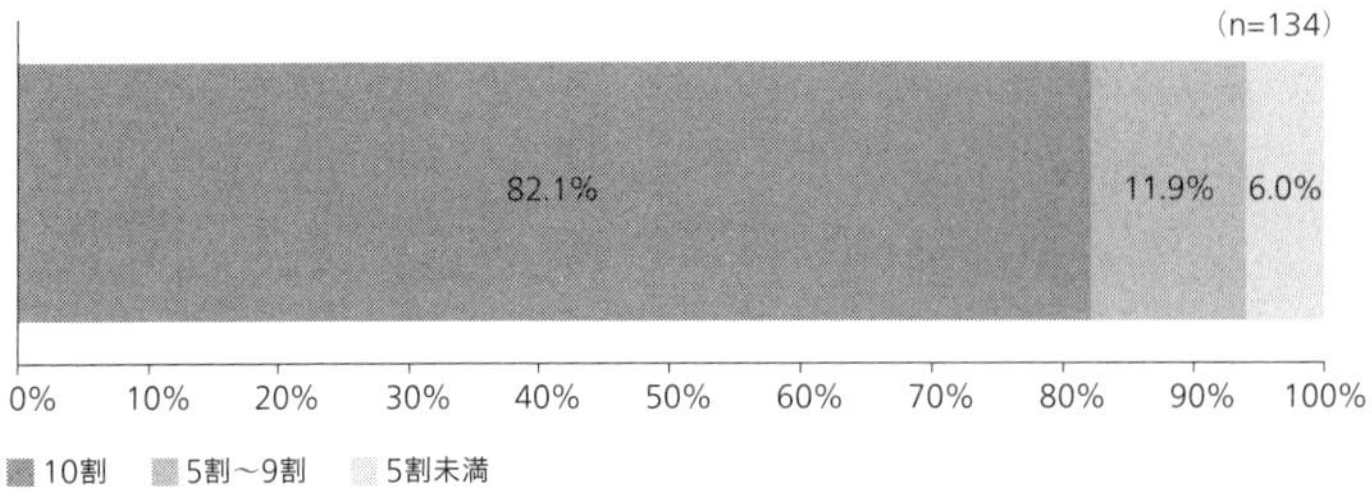

(注) 1.M&Aの実施について、「2015年以降にM&Aを実施したことがある」と回答した者に対する質問。
2.「ほぼ全員」と回答したものを「10割」と表記している。
(出所) (株) 東京商工リサーチ「中小企業のM&Aに関するアンケート調査」
【資料】中小企業白書 (2021)

ているが、M&Aを実施した8割以上の企業でM&A実施後も全従業員の雇用が継続されている(図表29)。

そのうえで、グローバル型・サプライチェーン型は、生産性を向上させ、さらには規模を拡大して中堅企業へ発展していくことが期待される。成長戦略や規模拡大の方策の一つとして、M&Aを利用することが有効な場合もあるだろう。場合によっては、海外展開も望まれる。そこでも販売チャネルの獲得などM&Aが有効になり得るはずだ。実際、M&Aを実施している企業の方が労働生産性を向上させているとの調査結果もある(図表30)。

では、地域資源型・地域コミュニティ型はどうか。これらの類型の中小企業は限られた需要に直面していることも多く、域内の中小企業同士で需要を奪い合っても意味がない。重要なのは、需給のバランス

図表30　企業再編行動実施企業と非実施企業の労働生産性

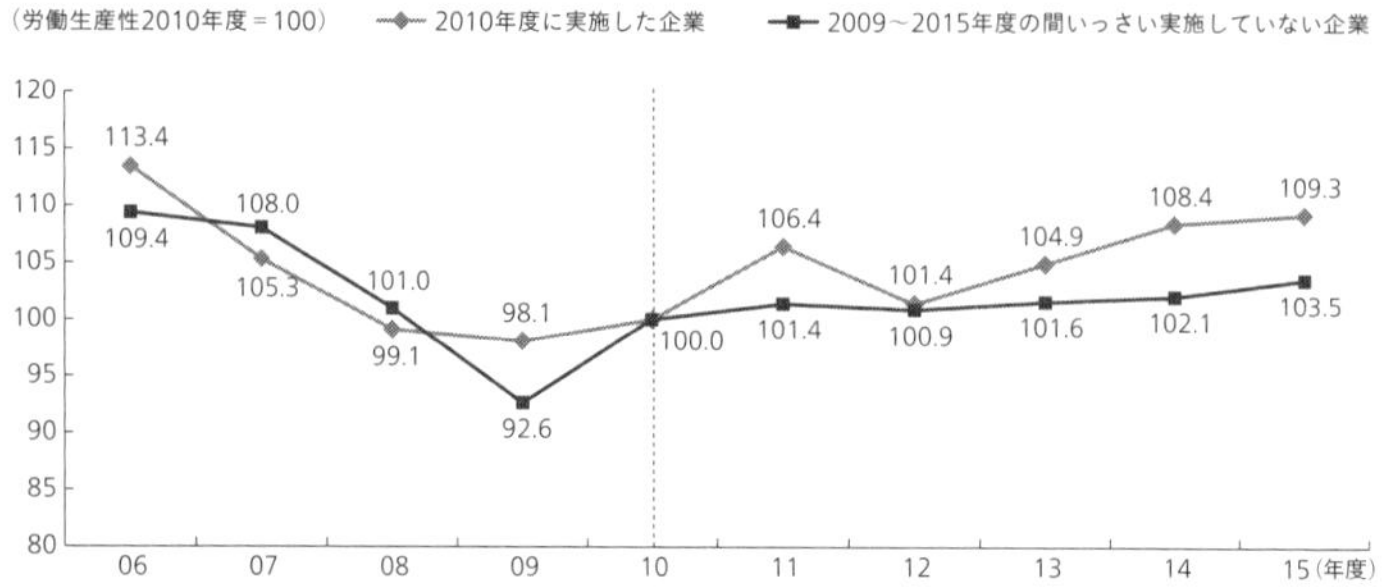

（注）1.ここでいう企業再編行動とは、「事業譲受」、「吸収合併」、「買収による子会社増」をいう。
　　2.中小企業のみを集計している。
　　3.労働生産性＝付加価値額／従業員数で計算している。
（出所）経済産業省「企業活動基本調査」再編加工。
【資料】中小企業庁「中小M&A推進計画」

を見ながらいかに協調していくか、または地域資源を最大限活用して域外需要を取り込んでいくか。その際にやはりM&Aが一つの選択肢となる。また、地域における創業を促す観点からは、リスクやコストを抑えた創業の手段として、M&Aによって既存の事業者から経営資源を引き継いで行う創業（経営資源引継ぎ型創業）も有効だろう。

　これまで大企業と中小企業を別々に説明してきたが、大企業と中小企業の間での取引が対等な関係で適切に行われることで、両者がWin-Winの関係で生産性向上等を実現していくことも重要である。

　大企業が生産性を伸ばし、そこで生まれた利益を取引相手の中小企業にも還元していくのが理想だが、低い生産性のままで売り上げも伸ばせない大企業が取引先である中小企業のコストを押さえ込んで利益を出そうとするような事態が生じる恐れもある。

中小企業庁も「下請取引適正化」に取り組んでいるが、大企業と中小企業が共存共栄していく関係をつくっていかなければならないだろう。中小企業も国内の大企業だけが取引相手ではない。大企業もあぐらをかいていると中小企業に見捨てられる可能性も否定できない。お互いに良好な関係を築くべきではないだろうか。その観点から、中小企業庁では、サプライチェーンの取引先や価値創造を図る事業者との連携・共存共栄を進めることで、新たなパートナーシップを構築するため、企業の代表者の名前で宣言する取組みとして、「パートナーシップ構築宣言」を推進している。

中小企業がM&Aを安心して実施できるようにするために

中小企業庁では、2021年4月28日に「中小企業の経営資源集約化等に関する検討会取り

図表31　中小M&Aの実施件数の推移

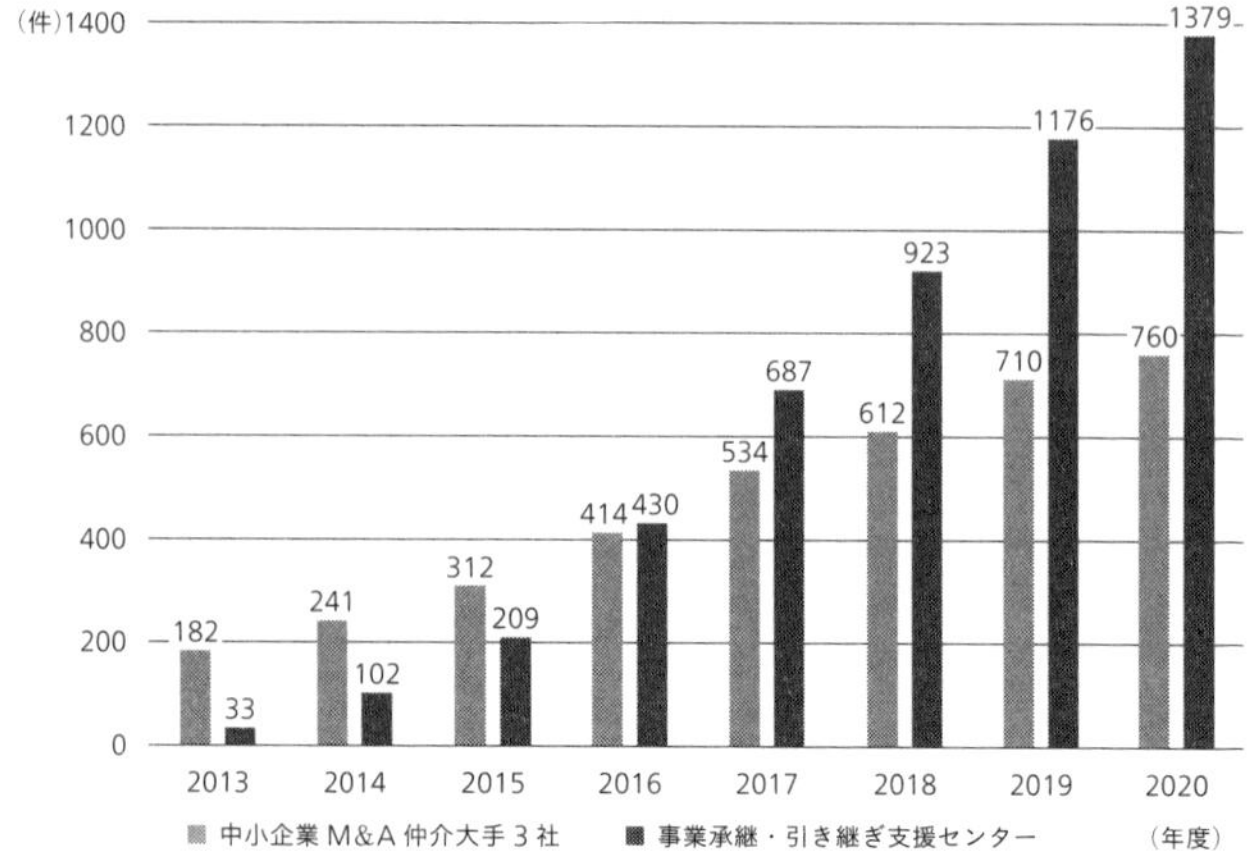

（注）「中小企業M&A仲介大手3社」とは「（株）日本M&Aセンター」、「M&Aキャピタルパートナーズ（株）」、「（株）ストライク」を指す。
【資料】中小企業庁「中小M&A推進計画」

まとめ」として「中小M&A推進計画」を策定した。

中小企業のM&Aの実施件数は右肩上がりで増加している（図表31）。日本全国でどの程度M&Aが行われているか、正確な数字は不明であるが、一説には年間3000件から4000件が行われていると言われている。

中小企業のM&Aを支える支援機関の数も増えている。

M&Aの支援を専業で行う仲介業者やファイナンシャルアドバイザー（以下、FA）、インターネットで譲渡側と譲受側のマッチングの場を提供するプラットフォーマーは、1980年代後半から1990年代前半は30者前後で推移していたが、1990

図表32　M&A専門業者及びM&Aプラットフォーマーの数の推移

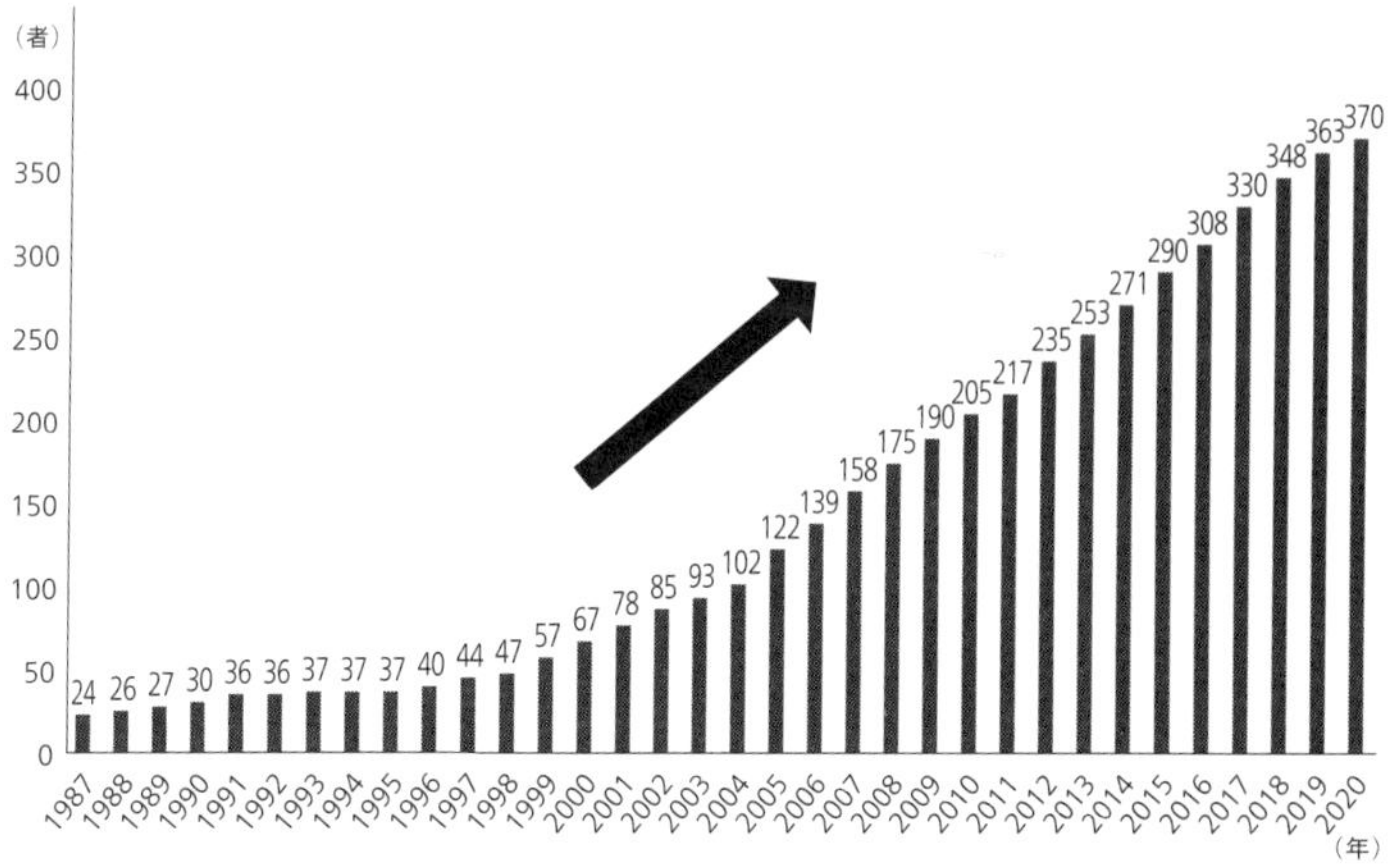

（注）2020年12月31日現在・設立年判明分。
【資料】レコフデータ調べ

年代後半から右肩上がりで増加している。２０２０年には３７０者に達している（図表32）。

専業ではないものの、地方銀行や信用金庫など地域金融機関、公認会計士、税理士、弁護士など士業専門家、商工会や商工会議所等の中小企業団体などの支援も質・量ともに充実してきており、中小企業のM＆Aを支援する環境は徐々に整いつつある。

中小M＆Aガイドラインの策定

一方、中小企業のM＆A市場にはいまだ

に課題もある。

中小企業のM&Aはまだ黎明期と言える段階であり、その取引の慣行が十分に確立されているとは言えない。そもそもM&Aは秘密裏に行われるものなので、情報を共有する範囲も限られており、取引の相場観も形成されていない。また、中小企業のM&Aはあくまでも事業者間の相対での取引であるため、投資家保護といった観点からの規制も存在しない。


こうしたなか、たとえば仲介業者から高額な手数料を要求されたといったケースや、買収後に簿外債務が発覚して損失を被ったといったケースなどを耳にすることもある。

中小企業のM&Aの一部の不適切な事例が中小企業経営者のコミュニティで広がると、M&Aは不健全な手段という認識が定着し、過去の「M&A=ハゲタカ」などと同じようなマイナスイメージだけでM&Aが語られるようになってしまう恐れもある。

そうした事態を避けるには、市場が立ち上がりつつある今の段階で、早めに健全な市場の発展に向けて一定のルールをつくっていく必要があるのではないだろうか。

とはいえ、拙速に硬直的かつ厳格な規制をかけてしまうと、M&A支援機関の創意工夫でさまざまな料金体系やサービスが提供され、中小企業にとってもより安価でより良いサービスが提供され得る機会を奪うことにつながってしまう恐れもある。

図表33　中小M&Aガイドラインの認知度

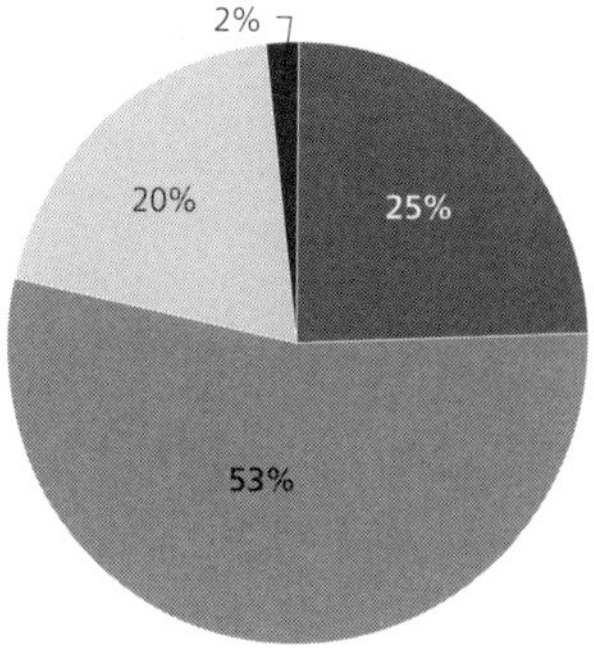

【資料】レコフデータ調べ（2021年3月）

両者のバランスを踏まえ、2020年3月に「中小M&Aガイドライン」を策定し、譲渡側企業と譲受側企業にM&Aの基本的な事項や手数料の目安を示すとともに、M&A支援機関に適切なM&Aのための行動指針を示している。

これは法律ではなくガイドラインなので、強制力はない。仮に守らなくても罰則はないが、中小企業にM&Aの適正な取引形態を理解してもらえるうえ、M&A支援機関にも適切なM&Aのための行動についての共通認識を持ってもらえる効果があると考えている。

実際、M&A支援機関における中小M&Aガイドラインの認知度（図表33）について、「内容を詳しく知っている」「ある程度内容を知っている」を合わせると75%を超えているように、ある程度浸透している。

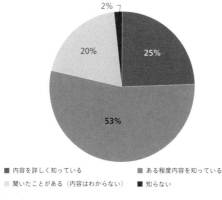

図表34　中小M&Aガイドラインで求めている主な取組みの実施状況

（1）譲渡側・譲受側の両当事者と仲介契約を締結する
仲介者であるということを、両当事者に伝えていますか。

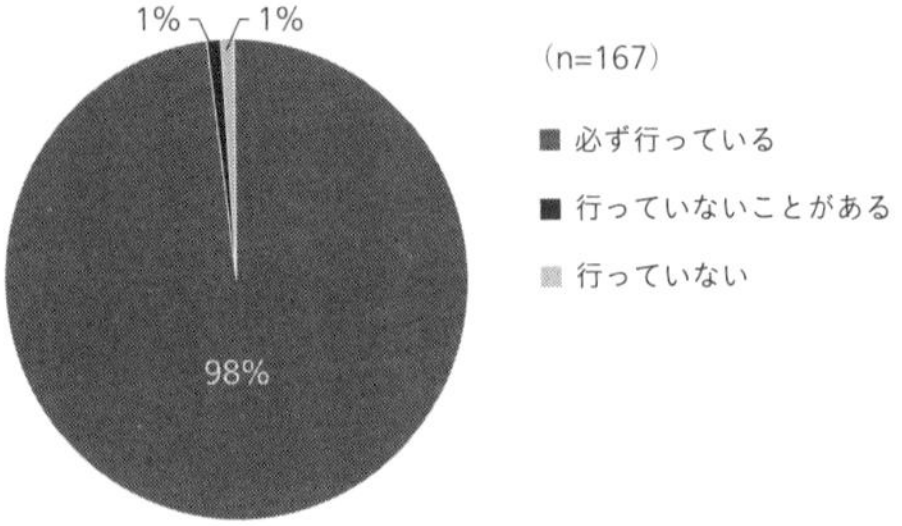

（2）専任条項を設ける場合でも、他の支援機関に対して
セカンド･オピニオンを求めることを許容していますか。

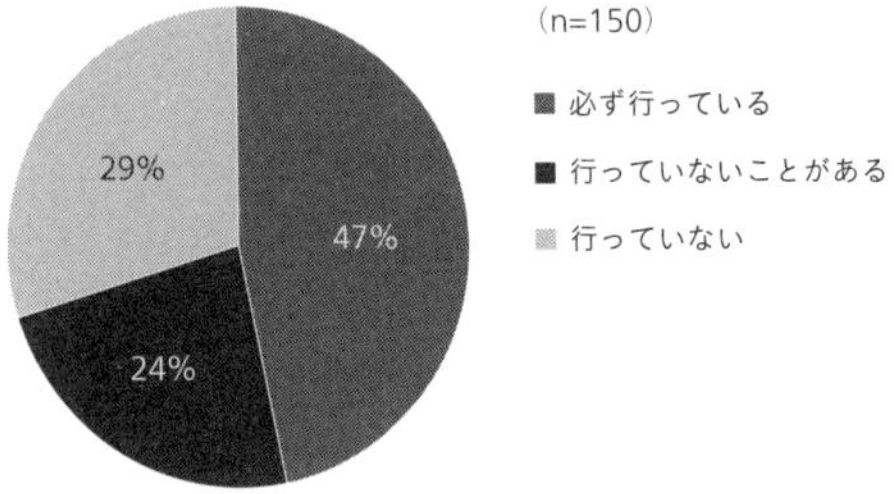

（3）テール期間は最大でどの程度ですか。

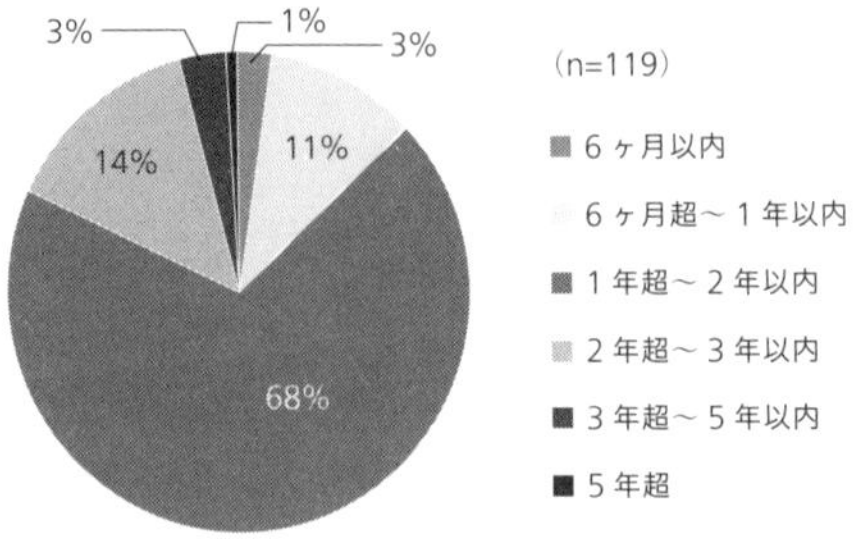

【資料】レコフデータ調べ（2021年3月）

また、同調査では、中小M&Aガイドラインのなかでも特に重要な事項として、三つの項目についてM&A支援機関における取組状況も調査している（図表34）。

「譲渡側・譲受側の両当事者と仲介契約を締結する仲介者であるということを、両当事者に伝えていますか」（利益相反リスクの最小化）→98%（必ず行っている）

「専任条項を設ける場合でも、他の支援機関に対してセカンド・オピニオンを求めることを許容していますか」（セカンド・オピニオンの推奨）→47%（必ず行っている）

「テール期間（契約期間終了後も手数料を取得する契約）は最大でどの程度ですか」（テール条項の限定的な運用）→96%（3年以内）

利益相反リスクの最小化とセカンド・オピニオンの推奨については、M&A支援機関に一定程度浸透していることがうかがえる。

テール期間については説明が必要だろう。

M&Aの取引においては、M&A支援機関の顧客であるM&Aの当事者である企業が手数料の支払いを逃れるためにM&A支援機関から必要な助言だけを引き出し、契約を短期間に終了させたあとに当事者だけでM&Aを成立させることがある。これを防ぐために、契約が終了しても一定期間は手数料を請求できることを定めたのがテール条項である。

問題は、そのテール期間があまりにも長すぎると、顧客の行動を縛ることになってしまう点だ。中小M&Aガイドラインでは、合理的な水準にするよう求めており、最長でも2～3年以内を目安としているが、アンケートではテール期間を3年以内に設定しているM&A支援機関が96%となっているので、概ね守られていると考えている。

M&A支援機関に係る登録制度の創設

このように、中小M&Aガイドラインはそれなりに浸透しているが、健全な市場を育成し活性化させていくには全てのM&A支援機関に確実に守ってもらわなければならない。少なくとも、M&Aの知見を持たない中小企業からするとどのM&A支援機関が中小M&Aガイドラインを遵守していて、どのM&A支援機関が遵守していないのかが明らかになっていたほうが安心できるだろう。

そこで、2021年8月にM&A支援機関に係る登録制度を創設した。具体的には、FA業務または仲介業務を行う者について、中小M&Aガイドラインの重要項目の遵守を宣言することなどを条件に登録をし、登録されたM＆A支援機関を一覧で公表する取組みを行っている。

２０２１年度の登録では、全２２５３者の登録があり、これまで考えられていた以上の数の事業者が中小M＆A支援に携わっていることが明らかになった。その内訳は、仲介専門業者が５３９者、FA専門業者が３９１者、税理士が５０５者、公認会計士が２３１者、地域金融機関（地方銀行、信用金庫、信用組合）が１２５者などとなっている。また、M＆A支援機関は、新規の参入者が多く（２０１０年代設立が42・４％、２０２０年代設立が43・４％）、小規模な事業者が多い（M＆A支援業務専従者が３〜４人が15・８％、０〜２人が68・７％）。

登録制度は法令に基づくものではないが、実効性を持たせるために、仲介手数料等の専門家活用費用を補助する事業承継・引継ぎ補助金（専門家活用型）と連動させることとした。

事業承継・引継ぎ補助金は「事業承継を契機として新しい取組み等を行う中小企業等及び、事業再編、事業統合に伴う経営資源の引継ぎを行う中小企業等を支援する制度」である。そのなかに「専門家活用型」という支援措置がある。仲介手数料やデューデリジェンスにかかる費用を補助する補助金だ。

この補助金について、登録されたM＆A支援機関からの支援以外は対象外としたので、登録されていないM＆A支援機関から支援を受けた中小企業は補助金を活用できない（FAまたは仲介に係る支援についてのみ。デューデリジェンス等のその他の支援については、登録の有無を問わない）。

中小企業はそれほど資金が潤沢にあるわけではないため、補助金によって少しでも費用負担を軽減しようとし、登録されているM&A支援機関を頼ろうとするのではないか。登録制度を予算に関連付けることで、実効性の高いものになると考えている。

また、この登録制度では、毎年度、取り扱った案件について実績報告（当事者企業の概要、譲渡価額、手数料額等）を求めることとしているほか、M&A支援機関による支援を巡る問題等を抱える中小企業等からの情報提供を受け付ける窓口も創設している。

これらの取組みによって収集した情報を、中小企業のM&Aを推進するための政策立案の参考として活用したいと考えている。また、個別事業者が特定されない形に加工したうえで一般に広く情報公開することで、中小企業のM&Aに関する相場観の形成にも役立てたいと考えている。

自主規制団体の設立

中小企業のM&A市場を健全なものにしていかなければならないという点については、現場で業務に携わるＭ＆Ａ支援機関自身も我々以上に強い問題意識を持っていると認識している。

２０２１年10月には、中小企業のＭ＆Ａに係る仲介を行っている事業者を中心に、自主規制団体「Ｍ＆Ａ仲介協会」が設立された。自主規制団体では、中小Ｍ＆Ａガイドラインを含む適正な取引ルールの徹底、Ｍ＆Ａ支援人材の育成のサポート、仲介に係る苦情相談窓口等の活動を行う予定である。

自主規制団体には多くのＭ＆Ａ支援機関に入っていただき、我々の登録制度とも連携のうえ、中小企業のＭ＆Ａ市場の健全な発展に向けて取り組んでいただくことを期待している。

なお、日本でも話題にのぼっている仲介業務懸念（売り手と買い手の双方から手数料を受け取る仕組みが健全なのかどうか）だが、アメリカでも仲介行為そのものは禁止していない。ただし、仲介を適切に行っていくために登録制度（ＳＥＣ＝証券取引委員会）と自主規制団体（ＦＩＮＲＡ）をつくり、そこに加入することになっている。

アメリカでは、比較的規模の大きいＭ＆ＡはＦＡの形態で支援する。それは日本も変わらない。一方、アメリカでは規模の小さいＭ＆ＡでもＦＡで取り組むことがあるように聞くが、仲介も頻繁に見られるという。ブローカーと呼ばれる人たちが、仲介のような業務に携わっている。

仲介は、利益相反の懸念が指摘される一方で、双方の意向がわかるため、両当事者の意思疎通が容易になり、円滑な手続きが期待できるというプラスの側面が評価されているのだろう

図表35　仲介契約とFA契約（比較）

	仲介契約	FA契約
スキーム	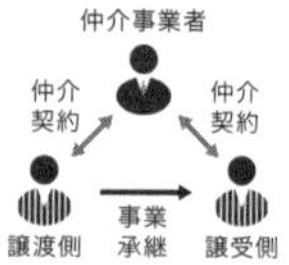	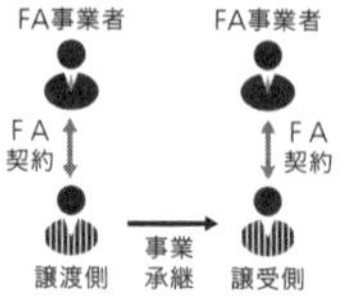
特徴	・双方の意向がわかるため、両当事者の意思疎通が容易になり、円滑な手続が期待できる ・利益相反のリスクあり	・一方当事者のみと契約を締結しており、契約者の利益に忠実な助言・指導等が期待できる
活用ケース	・双方の意向疎通を重視して円滑に手続を進めることを意図する場合 ・単独で手数料を支払う余力が少ない場合	・譲渡側又は譲受側が金銭的利益の最大化を特に重視する場合 ・単独で手数料を支払う余力がある場合

【資料】中小企業庁「中小M&A推進計画」

（図表35）。

ただし、アメリカでは、仲介における行為規制は課している。書面で仲介であることを顧客に説明しなければならない。顧客はそのことを理解したと書面で交付しなければならない。そうした行為規制がある。

同様の行為は、日本の中小M&Aガイドラインのなかでも、書面での交付までは課さないが、仲介であることの説明義務を課している。

日本でも、中小M&Aガイドラインの策定、登録制度の創設、自主規制団体の設立が行われた。まずはこれらの制度を運用しながら実態をしっかりと把握し、日本の中小企業のM&Aを健全に行うためにさらに必要な方策があれば、速やかに対応していきたい。

事業承継・引継ぎ支援センターを中心とする支援の枠組み

以上の基盤的な取組みに加えて、案件の規模に応じて、中小企業が安心してM＆Aに取り組める環境も作っていきたい。

特に小規模な案件では、規模の小ささ故にかけられるコストに限りがある。そのため、リスクを抑えるために最低限行うべきデューデリジェンス等の取組みが疎かになっているケースもある。

こうした小規模な案件を総合的に支援するため、全都道府県に事業承継・引継ぎ支援センターを設置し、支援体制を拡充している。

具体的には、商工団体や地域金融機関等と連携しつつ支援を行っているほか、Web上でマッチングの場を提供するプラットフォーマーとの連携も開始しているところである。

また、費用面の負担を支援するため、事業承継・引継ぎ補助金によって支援を行っている。更に令和3年度税制改正において経営資源集約化に資する税制を創設し、M＆A実施後に発生し得る簿外債務等のリスクに備えて準備金を積み立てた場合に、その全額の損金算入を認めるなどの措置を講じている。

しかしながら、地域によっては、そもそも中小企業のM&Aについて専門的な支援を行う専門家が不足しているとの指摘もある。たとえば、権利を守るうえでは法的なデューデリジェンスが重要である。大企業のM&Aでは、法律面を担う弁護士はメインプレーヤーである。しかし、中小企業のM&Aでは、ましてや小規模な案件では、弁護士が支援に携わるケースは多くない。

このため、2021年6月に、中小企業庁は、日本弁護士連合会との連携の拡充について共同コミュニケを策定した。具体的な取組みの第1弾として、弁護士の紹介や人材育成等の取組みが福井県で始まったところであり、こうした取組みを、弁護士に限らず、広げていきたい。

表明保証保険の普及

もう一つの安心を確保するための取組みに表明保証保険がある。

M&Aを行うときは、デューデリジェンスを行う。しかし、デューデリジェンスを行ってもなお、わからない部分はある。相手が隠していたり、嘘をついていたりすれば、なおのことわからない。

それを防ぐために、自分が説明した開示事項に虚偽がないことを表明し、虚偽や隠蔽によって損失が生じた場合には、それを補償する表明保証が一般的になっている。

ところが、小規模の売り手の場合はそれほど資力がないため、表明保証の契約を結んでも損失が補塡されないという「絵に描いた餅」で終わってしまうケースもある。そのリスクを避けるため、損失額を保険でカバーする表明保証保険が出始めている。

世界的に見れば、大企業のM＆Aでは以前からあった保険だ。しかし小規模のM＆Aでは扱われてこなかった。こうしたなか、2020年ごろから大手損害保険会社が、小規模のM＆A向けに表明保証保険を扱い始めた（図表36）。

小規模M＆A向けの表明保証保険は世界的にも見られない保険で、損害保険会社としても、重要性が高まりつつある中小企業のM＆Aを支援するために、思い切ってつくったところはあるのかもしれない。ただ、使われないとリスク等に関するデータが蓄積されない。データが蓄積されなければ保険商品を盤石なものにできない。盤石な保険商品とならなければ、保険の提供も継続的なものにならない。

図表36　小規模M&A向けの表明保証保険の例

(1) 国内 M&A 保険（定型タイプ）

中小規模においても活用しやすい保険料水準を実現した、
中小企業の M&A を対象とした商品。

補償金額	対象案件	補償対象となる項目
制限なし	制限なし （譲渡金額 1～10 億円を想定）	①対象会社の株式等、②株式に対する権利、③重要な契約、④労務、⑤訴訟・紛争、⑥計算書類、⑦公租公課等、⑧情報開示

(2) M&A Batonz

中小・零細企業や事業のリスク発見に特化した調査パッケージである
バトンズ DD（簡易 DD）を利用すると、追加費用なしで自動的に
「M&A Batonz（ベーシック）」が付帯される。

補償金額	対象案件	補償対象となる項目
300 万円	譲渡金額 1 億円以下を想定	財務、労務（M&A Batonz（アドバンス）は株式、税務も対象）

（※）上記の定型化された保険である「ベーシック」に加えて、ニーズに合わせて
補償額等を個別にカスタマイズできる「アドバンス」も存在。

（出所）東京海上日動資料より作成。
【資料】中小企業庁「中小M&A推進計画」

中小企業庁としては、表明保証の普及に向けた第一歩を後押しするため、その保険料を事業承継・引継ぎ補助金で補助することを令和3年度当初予算から開始した。

通常は、保険料の補助はしない。自分の財産を守るための保険に、国が補助金を交付することがなじまないからだ。しかし、保険が利用され、データが蓄積され、より盤石な保険商品となり、保険がより一層活用されるというサイクルがしっかりと回るまでの間は特別に国が補助することとした。

小規模M&Aにおける個人への期待

ここまで政策的な後押しをして、中小企業のM&A、特に小規模のM&Aを進める必要があるのか、と疑問に思われる方もいるかもしれない。

中小企業庁としては、小規模のM&Aも含めて、希望する中小企業が選択肢の一つとしてM&Aを行える環境を整えたいと考えている。

小規模事業者でも企業価値が高いところがあり、すでに触れたように廃業した企業の6割が黒字ということもある。生産性だけでは測れない、地域としての価値を持つ企業は少なくない。経営者の高齢化をはじめとして、事業の継続に困難を抱える中小企業が増えているなか、現状を放置すれば廃業が更に増えることもあり得る。このような状況を看過できない。

中小企業のM&Aは売り手市場とよく言われるが、それは比較的規模の大きな中小企業の話であって、小規模事業者については買い手が十分に存在するとは考えていない。そこで、小規模事業者を、企業が引き継ぐだけでなく、個人が引き継ぐケースがあってもいいのではないだろうか。

日本人はゼロから始めるのを苦手としている。最近は成長志向のスタートアップが設立されるような事例も少なくないが、こうしたケースはまだ一般的とは言えないだろう。ただ、そのような状況でも、途中からであれば事業を営んでみたいと考える人はそれなりにいる。既存の企業や事業を買うことでリスク計算がしやすくなり、ゼロから創業するよりもさまざまな面で費用がかからないからだ。

このような「創業」の観点から、個人がM&Aの世界に入ってくることがあっていいのではないか。譲渡側である小規模事業者にとっても、引継ぎ先が見つかるのは喜ばしいはずだ。その意味で、個人と後継者不在の小規模事業者を結びつけたい思いはあり、事業承継・引継ぎ支援センターでは後継者人材バンク事業も実施している。

こうしたなかで、小規模な案件であっても、士業専門家や表明保証保険をうまく活用できる状況になれば、個人でも安心して中小企業のM&Aに参入できるのではないだろうか。

企業価値評価ツールをはじめとするサポートツールの提供

M&Aの経験が多い事業者ほど、M&Aによって期待した成果を得られる傾向にあると言われるが、中小企業がM&Aを数多く実施するようなことは一般的には想定されない。そのため、一般的には中小企業が自社内でM&A人材を育成することは困難であり、外部のM&A支援機関支援に頼らざるを得ない。

ただし、これがM&A支援機関に言われるがままでは健全な取引の形とは言えない。M&Aに関する知見が乏しい中小企業が、M&A支援機関による支援の妥当性を判断できる状況にすることが重要である。特に、バリュエーションやリスク評価をはじめとして、関係者間で利害が対立し、かつ一般的な相場観を形成することが困難なプロセスにおいて重要となる。

このため、中小企業がM&Aの実施にあたっておおよその参考にできる自社の企業価値を簡易に評価できるツールを2023年度中を目途に提供すべく、導入に向けた調査事業を開始したところである。

このツールで取引価格が一義的に導き出されるとは考えていないが、中小企業とM&A支援機関とが緊密なコミュニケーションを行うきっかけを提供できればと考えている。

また、最後の最後は他のM&A支援機関から意見を求めるセカンド・オピニオンが重要になるだろう。まずは事業承継・引継ぎ補助金においてセカンド・オピニオン費用への補助を行うことを通じて、中小企業のM&Aにおいてセカンド・オピニオンが一般的な取組みとして認知されることを期待したい。

ＰＭＩへの支援の充実

企業にとってＭ＆Ａは経営戦略を実現するための手段の一つに過ぎず、実際に事業の成長につなげることこそが重要である。

しかし、中小企業のＭ＆Ａでは、まだ黎明期ということもあって、譲渡側・譲受側間のマッチングをはじめとするＭ＆Ａまでのプロセスに重きが置かれ、Ｍ＆Ａ実施後の経営統合（PMI:Post Merger Integration）に十分なリソースが割かれていない。

Ｍ＆Ａの経験が比較的積み上がっている上場企業においては、ＰＭＩが課題として指摘されることが多いことを踏まえると、今後、中小企業のＭ＆Ａにおいても課題が顕在化する可能性がある。

中小企業の経営資源集約化等に関する検討会でもこの点が指摘されたが、そもそも中小企業向けにＰＭＩ支援を行う事業者がほとんど存在しないこともあり、中小企業のＭ＆Ａにおいて有効かつ現実的なＰＭＩのあり方について有識者の間でも認識に大きな差が見られた。

このため、２０２１年10月に「中小ＰＭＩガイドライン策定小委員会」を設置したところであり、２０２１年度中に、中小企業のＭ＆ＡにおけるＰＭＩに関する指針を策定する。この指針の内容も踏まえ、中小企業向けにＰＭＩ支援サービスを提供する事業者が現れ、中小企業において必要なＰＭＩの取組みが行われることを期待している。

中小企業にとってのＭ＆Ａの将来

Ｍ＆Ａについては、中小企業においてもイメージが改善しつつあるものの、いまだに誤解も少なくない。国がＭ＆Ａ支援を行うことについても、中小企業を淘汰するのかとの指摘を受けることもある。

当然だが、中小企業の淘汰など目的にしていない。中小企業が培ってきた貴重な経営資源を将来につないでいくことが目的である。

また、Ｍ＆Ａは経営戦略実現のための選択肢の一つにすぎず、中小企業にＭ＆Ａを強制しようとしているわけではない。あくまでも、当事者である企業が希望する場合に、安心して円滑にＭ＆Ａに取り組める環境を整えたいという考えである。

そして、中小企業がＭ＆Ａを一般的な経営の選択肢の一つとして活用できるようになるか否かは、今後の官民の対応にかかっていると言っても過言ではないと考えている。仮にこれがうまく行かなければ、黒字経営を続けているような優良な中小企業ですら、後継者がいない場合には今後も廃業せざるを得ない状況が続き、国力や地域経済が衰退していく。

足下では、新型コロナウイルス感染症の影響が長期化しており、ますます廃業が増加する可能性もある。実際、事業承継・引継ぎ支援センターの相談案件は、2021年4〜6月期において前年同期比で1・6倍となる3117件に急増しており、経営悪化が進むなかで長く待てるだけの企業体力のない、急ぎの売り相談などが増加している。

こうした状況に対応するため、国としては、一つひとつの課題に速やかに適切に対応して行きたい。また、民間のM&A支援機関に対しては、そのような認識で一つひとつの案件に対して誠実に支援に取り組んでいただくことを期待している。

本稿は執筆者の個人的見解であり、
所属組織の公式見解を示すものではありません

日原正視（ひはら・まさみ）
2003年東京大学法学部卒業後、同年経済産業省入省。2011年ミシガン大学公共政策修士取得。大臣官房秘書課、経済産業政策局調査課、中小企業庁政策企画委員等を経て、大臣官房会計課政策企画委員として新型コロナウイルス感染症対策をはじめとする経済産業関係予算の総合調整を実施。2020年7月に中小企業庁財務課長に就任し、中小企業関係税制や事業承継・M＆Aの推進等を担当。

第2章

M&Aアドバイザー先駆者の苦闘

野村企業情報　初代社長　後藤光男の思い

M&A専業会社の社長に任命

バブル経済の狂乱真っ只中の1988年7月28日、日本経済新聞の朝刊に次のような記事が掲載された。

野村証券は二十七日、米国のM&A（企業の合併・買収）専門の投資銀行、ワッサースタイン・ペレラ（WP）社の二〇％の株式を取得し、国際的なM&A業務で提携すると発表した。投資額は一億ドル。会社設立後わずか五カ月でM&A仲介規模で全米七位に顔を出したWP社の、企業発掘能力やM&A実現の技術力を取り込むのがねらい。

（中略）

野村は役員一人以上を含む数人のスタッフを送り込む一方、WP社も野村に数人のスタッフを送り、相互の人材交流を始める。将来は日本で合弁会社を設立することも検討中だ。M&A事業では山一証券や日本長期信用銀行などの後れをとっていたが、これを機に一気に追撃体制を固める。当面は日本企業による米国や欧州企業の買収（内―外）をあっせんするが、将来は外資による日本企業の買収（外―内）にも力を入れる。

（後略）

その日、いつものように朝の日課として日経朝刊を手にした日本合同ファイナンス（JAFCO）専務取締役の後藤光男は、この記事を読んで改めて期待に胸を膨らませた。

後藤は、野村證券から日本合同ファイナンスに転籍した身だったため、記事が出る前からこの情報は耳にしていた。すでに野村證券の人事部は、語学力に優れ仕事の能力も高い最優秀の人材を5人ほど選考し、ニューヨークのワッサースタイン・ペレラ社に出向させたことも知っていた。後藤はその5人が新会社の中心となって業務を進めると考え、社長もその中から選ばれると予想していた。

「M&Aビジネスについて今まで明確な方針を掲げていなかった野村證券が、本格的に参入する戦略を打ち出した」

「いよいよ日本にM&Aの時代が来る」

後藤はそう確信した。出社すると、後藤は秋野正司常務取締役と柿埜昌彦経営情報部長を呼び、声をかけた。

「素晴らしい会社ができる。間違いなくこれからの日本企業にとって重要な会社になる。野村證券から最優秀の人材が送り込まれたので、期待できる。日本国内で仕事を始めたら、彼らと一緒に仕事をしよう」

目の前に開けた展望に、後藤は胸を躍らせた。

後藤が所属する日本合同ファイナンス（現ジャフコグループ㈱）は、1973年に設立された野村證券系のベンチャーキャピタルである。1987年に東京証券取引所に店頭登録され、2001年に一部に上場している。

後藤は1983年11月に24年8ヵ月在籍した野村證券から転籍し、取締役として日本合同ファイナンスに在籍していた。

転籍してから4年が過ぎていた。

日本合同ファイナンスとして、M&Aを扱う新会社と連携して新しいビジネスが展開できる。

後藤はそんな期待を抱いた。

設計した「大タブチ」と実行した「小タブチ」

記事が掲載されたおよそ1週間後の1988年8月に入ったある日、後藤は野村證券第7代社長の田淵義久に呼ばれ東京・日本橋の社長室で面会した。会うなり、田淵義久はこう言った。

「後藤くん、今度つくるM&Aの会社の社長をやってもらいたい」

突然のことに、後藤は動揺を抑えられなかった。

《まさか……。自分が新会社の社長を任されるとは……》

しかし、瞬時に気持ちを切り替えた。野村證券時代に営業現場でいくつもの修羅場をくぐり抜け、日本合同ファイナンスのボードメンバーとして経営に携わった度胸と経験が生きた。自分が新会社の経営者になったとしたら、専権事項として何が必要かを考えた。

《この際、言いたいことを申し上げて、お願いすべきことはお願いしよう。それが受け入れられなかったら、潔くお断りしよう》

後藤は、田淵義久にいくつかの要望を伝えた。

「新会社の社名は私がつけます」

「株主構成も私が考えます」

「定款は私がつくります」

「2年間で30億円の赤字を覚悟してください」

「将来、株式を公開します」

最後に後藤と新会社にとって最も重要な要望を、後藤はまっすぐに田淵義久に伝えた。

「会社の運営とビジネスの内容については、野村證券の誰にも相談しません。報告もしません。もし必要だと言うのなら、酒巻英雄専務（第8代社長）か鈴木政志専務（第9代社長）か、あるいは田淵さんご自身か、どなたか一人に絞ってください。野村證券の取締役一人ひとりに事前に相談していたら、何も決められません。時間もかかってスピードも遅くなります。しかも、そちらにご迷惑もかかってしまいます」

後藤の要望に対して、田淵義久はシンプルに応じた。

「すべてわかった。誰にも相談しなくていい」

その代わりと言って、こんどは田淵義久が後藤に注文をつけた。

「みみっちい会社をつくらないでもらいたい。大樹の苗を植えてもらいたいんだよ。そのうえで二つ頼みがある。一つは、新会社で優秀な人材を育ててもらいたい。もう一つは、グローバルな情報ネットワークをつくってもらいたい」

後藤は、その話を聞きながら営業企画部時代の田淵義久を思い出した。

《読みも度胸も、相変わらず田淵義久さんだ……》
「わかりました。そういうことであればお引き受けいたします」
仕事をやりやすくしてくれた田淵義久に感謝しながら、後藤は社長室を辞去した。

後藤には、ビジネス上の課題を相談する相手が内外を問わず多数いた。野村證券時代に培った人脈である。

もちろん、野村證券グループのなかにも、後藤が尊敬する人物は何人もいた。田淵義久に新会社の社長就任を打診されたときからすぐに後藤の頭に浮かび、一刻も早く話をしたいと考えていたのは田淵節也と志茂明だった。

田淵節也は、田淵義久の前の第6代社長である。2代続いた「田淵社長」を区別するために、社内では田淵節也を「大タブチ」、田淵義久を「小タブチ」と愛称で呼んでいた。2人に縁戚関係はない。

後藤は後日、本社会長室に田淵節也を訪ねた。田淵節也はいつものゆったりとした丁寧な口調で、10歳以上歳の離れた後藤に自分の考えを語った。

欧米で始まり、何年もかけて定着した経済の制度や仕組みは、5年から6年も経つと必ず日本に入ってくる。M＆Aも同じだ。M＆Aは時代の流れであり、日本企業にとってごく普通の経済の営みになる。

野村證券でも、10年ほど前からM＆Aを研究させてきた。途中、野村證券のなかに経営開発部をつくって模索してきたが、予想どおりうまくいかなかった。

なぜか。

野村證券は日本経済に密着して成長してきたため、事業会社、金融機関、行政などとあまりにも関係が深くなってしまったからだ。どちらかの立場に立ってどちらかと利害を争うことができない野村證券は、どこかの会社に雇われてその会社のために徹底的に奉仕するM＆Aビジネスにはなじまない。

しかも、野村證券は証券取引法のルールを守らなければならない。大蔵省の監督をうけるため大きな枠組みにも縛られる。何の制約もない民間企業と同じように、自由闊達《かったつ》に企業活動を進めることはできない。

そのような環境のなかで、いよいよ日本にもM＆Aの時代がやってきた。私のところに田淵義久社長から相談があった。

「やはり、M＆Aというものを考えなければならないのではないか」

私はここで、野村證券がM＆A業務をやるのかやらないのかを決断すべきだと思った。

「野村證券として、本当にやるつもりがあるのか」

野村證券はM＆A業務は行いませんと内外に宣言してしまえば、注文もこない代わりにクレームもこない。

しかしいい加減にしておくと、現場はお客さまに対していかにも野村證券がM＆Aを取り扱うような言動をとる。そうなるとお客さまは期待されるし、今のままでは中途半端な能力しか持っていないから、お客さまにご迷惑がかかる。

そこで、もし取り組むというなら、社内でやってうまくいかなかった経験を生かし、別会社をつくって野村證券の外に出す。外国資本を入れるのもいいと思う。そこで本格的にやればいい。

「社長として、新しい仕事をぜひやりたい」

そういうことで新たに会社をつくることにした。

しかし、新たに会社をつくったはいいが、その会社の社長を誰にするか非常に悩んだ。この会社の経営は難しい。毎日のように重要な決断を下さなければならない。しかも独立性を保つことも求められる。

M＆Aで重要なのは、機密保持、公正中立を保つことであるが、野村證券の顔色ばかりうかがっている人間にはそれができない。つまり、野村證券で素直に育ったサラリーマンにはできない。社内的に実力があり、実績もあり、しかも苦労してきた人間でなければ困る。その観点から志茂ちゃん（志茂明相談役）がグループ全体を見渡してみたところ、サラリーマンだがサラリーマンではない変わり者が一人だけいるという。それが「きみ」だ。社内に優秀な人材は数多くいるが、後藤に代わる人材はいないと言ってきた。そういうわけで、田淵義久社長がきみに決めた。

後藤は田淵節也の話を聞きながらこう考えた。

「これは話が大きすぎる。自分の力量では耐えられないかもしれない。断るのであれば今しかないな」

すると、田淵節也はそれを感じ取ったのか、穏やかに言った。

きみが新しく社長になる会社は、野村グループのどの会社ともまったく違う。インディペンデントだ。野村證券が10年間やって失敗した仕事をきみにやってくれと言っているんだから、そもそも難しい仕事であることは承知のうえだ。

それでも、誰にも頼ってはいけない。

事業法人部、引受部、法務部などがいろいろ口出ししてくるだろうが、野村證券の機能を使ってはいけない。

自力でやるか、外部にお金を払って依頼するか、どちらかにしなければならない。

そういうことなので、仕事の内容は田淵義久社長にも、私にも、いっさい断りなしに進めてもらいたい。事前にいっさいの報告はいらないということだ。きみの会社のビジネスは、良い仕事をすれば必ず新聞に載るから、私はそれを読んで楽しもうと思う。

M&Aは必ず社会を明るくする。

日本人であれば、日本人に相談したほうが安心する。これはどの国でも同じことだ。きみがつくる会社も、日本の経営者が安心して相談に来られる会社にしてもらいたい。

田淵節也の言葉は、後藤にとって貴重な糧になった。

「節也さんの話を聞いて、これで会社のコーポレート・フィロソフィーは決まったと思いました。ただし、節也さんの言葉はそれほど単純ではありません。新しいビジネスに取り組むにあたり、たいへんな使命を課せられたと感じました」

そう語る後藤が考えた使命は、次の三つである。

M&Aで世の中に貢献する

M&Aを通して経営者に信頼される会社をつくる
M&Aを日本の経済社会に定着させる

後藤はほかにも何人かの先輩に話を聞いている。彼らは日本におけるM&Aについて深く研究し、鋭い洞察力で本質を見抜いていた。

アメリカのM&Aと日本のM&Aは違う
アメリカのM&Aはお金に始まってお金に終わる
日本のM&Aは人に始まって人に終わる
M&Aはクリエイティブな仕事である
M&Aは組織でできる仕事ではない
野村證券の情報と、日本合同ファイナンスの顧客と、ワッサースタイン・ペレラ社の間をコンピューターで結んでも、M&Aはできない
M&Aは自分で考え、自分で行動し、人の信頼を得なければならない

これらのアドバイスは、後藤が新しいビジネスに取り組むに際して漠然と考えていたことを、

極めて明快に整理してくれた。

「私は諸先輩方のお話をお聞きしながら、これから取り組むビジネスに対する世間の期待を痛感しました。厳しさも教えられました。その一方で、大きなロマンも与えていただいたと思っています」

後藤が社長就任を打診されてからおよそ1ヵ月後の1988年9月7日、日本経済新聞は1面に次の記事を掲載した。

「野村証券　M&Aで新会社　来月発足　米WPと日本で合弁」

野村証券と米国のM&A（企業の合併・買収）専門業者であるワッサスティン・ペレラ（WP）社との国内での合弁計画が固まった。新会社「野村企業情報」は野村証券のM&A部門である経営開発部を中核にし、十月中旬、業務を開始する。M&Aが国際的に活発になる中で、インサイダー取引（企業の内部情報を利用した不公正取引）規制強化に対応するとともに、日本最大のシンクタンクである野村総合研究所を含め野村グループの総力を挙げてM&A業務の拡充に取り組む。

新会社の資本金は五億円で、日本合同ファイナンスの後藤光男専務が社長に就任する。出資比率は野村グループが八〇%、残り二〇%をWP社が出資する。野村証券は独占禁止法の規制による上限の五%を出資する。新会社の英文社名はノムラ・ワッサスティン・ペレラとする。

社長に就任予定の後藤氏は野村証券の営業企画部長を経て五十八年に日本合同ファイナンスに移った。ミネベアによる三協精機製作所の株買い集め問題の解決に際しても重要な役割を果たしたといわれ、野村グループの中でもM&Aに精通した人物。新会社には野村証券のM&A部門である経営開発部の大半と、企業との接点になっている事業法人部、日本合同ファイナンスからも数人が移り、総勢約三十人でスタートする。WP社からも役員を含むスタッフが新会社に参加する。

米国の投資銀行には、M&A部門が利益の約半分を占めるところもあり、日本の証券会社にとっても魅力のある業務分野。ただ、米国でもインサイダー取引の温床になるケースが少なくない。日本でインサイダー取引の規制が強化されるのを目前に控え、あえて野村の本体から分離する道を選ぶ。

（後略）

この日から、日本のM＆Aに生命が吹き込まれた。

中心人物として駆け抜けた後藤光男の足跡からは、日本のM＆Aの草創期をつくり上げた人物たちの思いと試行錯誤と達成感が浮かび上がる。

社名へのこだわり

後藤が社長に就任した時点で、すでに野村證券とワッサースタイン・ペレラ社の間で基本契約の調印が済んでいた。提携の実務を担当した野村證券総合企画室の氏家純一室長は、そのことを後藤に告げた。

つまり、契約が締結された時点で、社長となった後藤が口をはさむ余地は残されていない。

後藤は契約書を急いで精読した。その結果、地域協定などいくつかの点で意見の食い違いがあった。

完全に納得できる内容ではなかったが、すでに調印している契約内容を変える交渉をしていては、会社のスタートが遅れる。後藤は、どうしてもこれだけは譲れないという点に絞って、契約内容の見直しを迫る交渉をしようと決意した。

それが会社名だった。

後藤は、社名にだけは強いこだわりがあった。

「Nomura Wasserstein Perella Co.,Ltd.」

契約書の第1条には、社名の条項が記載されていた。すでに決定された社名が悪いわけではない。ただ、英文の社名は、当時の日本人にはなじみにくかった。しかも、この社名から、M＆Aの仲介業務をイメージするのは非常に難易度が高い。

何年か経ってM＆Aが日本のマーケットに定着したときのことに思いを巡らせると、後藤はどうしても納得できなかった。

《社名はマーケットと顧客に合わせて決めるべきだ》

名は体を表すと言われる。顧客が名刺の社名を見たときに、何をしている会社なのかすぐにイメージが浮かばなければ困る。そうしなければ、日本の会社が信用してくれないと後藤は考えたのだ。

それに、後藤には企業情報をビジネス化したいという思いもあった。後藤の頭には「野村企業情報」という社名が鮮明な形で像を結んでいた。

ワッサースタイン、ペレラの2人と直接交渉するため、後藤はニューヨークに飛ぶことを決意する。とはいえ、事前の打診では突っぱねられていた。

「社名を変える交渉には応じない」

それでも、後藤はニューヨーク行きにこだわった。

成算があったわけではない。契約に携わったスタッフから、彼ら2人が「アメリカきっての交渉のプロ」「強烈な個性の持ち主」と聞かされる一方で、頭脳明晰で理解力の高い人物という話を聞いていた。後藤は、議論を尽くせば道は開けるのではないかと2人の論理的思考力を信じた。

「アメリカ人と長い時間をかけて交渉するのは好きだから、自分で行くよ」

氏家総合企画室長にはそう言ったものの、厳しい交渉になることは覚悟していた。

そもそも、交渉の相手は株主である。初代社長として挨拶に行くのではなく、すでに決定した社名を変更してほしいと言いに行くのだ。しかも、これから覆そうとしている社名には、2人の名前が冠されている。

そのうえ、後藤は英語がほとんど話せない。難しい交渉が通訳を介してうまく伝わるのだろうか。そんな不安を含めた精神的負担を乗り越えて「敵地」に乗り込む。その姿勢から、後藤の強い決意がうかがえた。

案の定、この交渉は、すでに締結された契約書をひっくり返すことになるので、ワッサースタイン・ペレラ内部でも大きな問題になった。

「野村證券は、いったいどうなっているんだ！」

しかも、後藤は契約を締結した野村證券本社に事前に相談せずにニューヨークに乗り込むつもりだった。それも別の意味で問題になった。


野村證券が提携したワッサースタイン・ペレラ社は１９８８年設立、アメリカ・ニューヨークに本拠を置くＭ＆Ａ専門の投資銀行だ。

創業者はアメリカの大手証券会社ファースト・ボストン社（現クレディ・スイス）の共同経営者兼Ｍ＆Ａ部門責任者だったブルース・ワッサースタイン（２００９年没）と、投資銀行部門のトップだったジョセフ・ペレラである。

先にファースト・ボストンに入ったのはペレラだった。ハーバード大学を卒業したペレラが入ったとき、Ｍ＆Ａ部門にほかの社員はいなかった。ファースト・ボストンＭ＆Ａ部門の草創期を支えたのは、ペレラだった。

２年後、ペレラはワッサースタインを共同責任者として採用する。ここから、ファースト・

ボストンはアメリカのM＆Aマーケットで八面六臂《ろっぴ》の活躍をし始める。

1981年、アメリカの大手化学メーカーのデュポンが大手石油会社コノコ（現コノコフィリップス）を買収したが、デュポン側のアドバイザーに立ったのがファースト・ボストンだった。

1984年にアメリカの石油関連企業ゲティ・オイルの石油開発部門が同業のペンゾイルに売却されるも、直後にテキサコがペンゾイルよりも高額の買収価格を提示したことから一転、テキサコがゲティ・オイルの石油開発部門を買収した。この法廷闘争にまで発展したM＆Aにもファースト・ボストンが絡んでいた。

その他、1980年代のほとんどすべての大型M＆Aにワッサースタインとペレラが絡んでいたと言われるほど、この2人はファースト・ボストンのM＆A部門を全米トップクラスにまで育てあげた。

1987年10月19日に端を発するブラック・マンデー（世界的株価大暴落）後の経営方針を巡り、2人は経営陣と対立する。紆余曲折を経て、1988年に主要メンバーとともに独立、2月にワッサースタイン・ペレラ社を設立した。

ワッサースタインとペレラの性格はまったく違う。

ペレラはラテン系の陽気さがあり、いわゆる「柔」の人だった。一方のワッサースタインはドイツ系の厳格さがあり、いわゆる「剛」の人である。

正反対の性格でありながら、2人が率いるチームは非常に仲が良く、そのコンビネーションは抜群だった。アメリカのM&A業界でも、トップを走る人たちだった。

事実、ワッサースタイン・ペレラは設立後すぐの1988年10月、アメリカ最大のたばこ会社フィリップモリスによるアメリカの大手食品メーカーであるクラフトに対するTOB（株式公開買い付け）による買収で脚光を浴びた。野村證券との合弁企業設立は、その直前に進められていたことになる。


1988年9月、後藤はニューヨーク・マンハッタンに降り立った。

後藤がワッサースタイン・ペレラ社のオフィスに入った。交渉相手はペレラ。しかしその横には、顧問弁護士とスタッフが6人座っている。通訳と2人の後藤を威圧する作戦のようだ。居並ぶ相手に向かって後藤は迫った。

「日本でビジネスをする以上、日本語の社名にしてもらいたい」

しかし、ペレラも譲らなかった。交渉は8時間に及ぶ。

交渉が動かなくなったころ、後藤は大声で言った。

「アイ・アム・サムライ！」

そう言ったきり、腕組みをして黙り込んだ。

ワッサースタイン・ペレラ側は別室に移り、しばらくして戻ってきた。

「わかった。ミスターゴトウの言うとおりに社名を変更しよう」

午後5時、ようやく後藤がオフィスから出てきた。最後にはお互いに和解した。

「この日の議論によって、お互いにある種の信頼感が生まれました。アメリカの優秀なビジネスパーソンはハードネゴシエイター（強力な交渉相手）に敬意を表すると聞かされていましたが、そのとおりでした。今から考えても、ニューヨークに行ってよかったと思っています」

新会社の定款第1条は、この日の交渉で次のように書き換えられた。

「当会社は、野村企業情報株式会社と称し、英文ではNomura Wasserstein Perella Co.,Ltd.と表示する」


ただ、後藤はワッサースタイン・ペレラに変更を迫らなかったものの、この基本契約で最も問題になる箇所は残されたままだった。

それは、野村企業情報とワッサースタイン・ペレラのどちらが案件を発掘しても、営業地域によっては共同で営業しなければならないと規定している点だった。

たとえば、ワッサースタイン・ペレラが日本で案件を単独で発掘したとしても、日本は野村企業情報のテリトリーになるため、ワッサースタイン・ペレラが単独で進めることができない。反対に、ヨーロッパやアメリカはワッサースタイン・ペレラのテリトリーと定められているため、野村企業情報が単独で案件を発掘しても、野村企業情報が単独で進めることができない。

この仕組みがあるため、野村企業情報は野村證券との間で軋轢《あつれき》が生じる。野村企業情報とワッサースタイン・ペレラがそれぞれ単独で案件を進めていればともかく、両社が一緒に取り組んでいると、野村企業情報の意思だけでは決断ができない。

たとえば、野村證券が主幹事を務める企業やその子会社が買収の対象となった場合、野村證券としては主幹事を務める企業グループの最大利益を守ろうとするため、価格をできるだけ釣り上げようとする。しかし、野村企業情報はワッサースタイン・ペレラと一緒になって買収する側に立つことになるので、価格をできるだけ引き下げようとする。この動きによって、子会社である野村企業情報が親会社の野村證券に敵対しているように見える。

M&Aは、売り手はできるだけ高く売却したいし買い手はできるだけ安く買いたい。顧客の立場から見れば自分の利益を最大化してほしいのに、主幹事の証券会社の子会社が自分たちの利益を守ろうとしない。これでは顧客も怒って当然だ。

しかし、野村企業情報としても自らの顧客の最大利益を求めて、最高の道を見つけるのがアドバイザーとしての基本的な役割である。そこで手を抜くことはない。野村企業情報はそう動かざるを得ないのである。

ところが、野村證券の事業法人部はそれが理解できない。

「おまえのところの子会社が、買い手に加担している。いったいどういうことだ」

顧客からはなじられる。野村證券としては、矛先を野村企業情報に向けるしかない。

こうした事態を招くことが予想されたので、後藤は契約書を精読したときに地域協定について引っかかっていた。しかし業務開始を遅らせることになっては困ると飲み込んでいた。

それが裏目に出た。

野村證券と理解し合えないことによって後藤は苦しみ、あるときは野村證券と闘い、それが原因で野村證券に嫌われることもあった。

普通のサラリーマン社長であれば、本社に気兼ねして、あるいは圧力に屈してしまい本社の機嫌を損なうような真似はしない。だが、後藤は野村證券におもねるようなことはいっさいしなかった。これができたのは、後藤をおいてほかにいない。田淵節也が後藤に社長を任せたのは、こうした場面で後藤が毅然とした態度を取れるからだった。

M&Aビジネスに取り組むにあたっての基本姿勢

法人としての野村企業情報は、1988年10月19日に設立された。準備期間のない慌ただしい設立だったが、後藤は次のような方針を決めた。

「会社設立1期目は社長である自分のワンマン体制で基盤をつくる」
「2期目は役員の合議制で経営する」
「3期目以降はシステマチックな経営を指向する」

社内向けには、会社設立4日前の10月15日に第1回全体会議を開催した。その席で、後藤は従業員に向けて次のような話をした。

①お客さまと野村グループ各社に対して、感謝の心を持ちながら、謙虚に仕事を進めていく会社にしたい

(1)これから仕事ができあがるごとに「野村企業情報にビジネスの機会を与えてくださった

方々」のお名前を、会社の歴史として残していくこと

(2)野村グループ各社とワッサースタイン・ペレラ社から、ヒト・モノ・カネ・情報の提供を受けたことを忘れないこと

(3)会社設立に携わってくださった以下の方々には、今後、毎年決算期ごとに業務報告を行うこと

酒巻　英雄　専務取締役
中野　淳一　常務取締役
村住　直孝　取締役
氏家　純一　総合企画室長

②定款は、きわめて自由度の高い企業体を目指してつくったこと

③組織はあくまでも単純なものとし、マーケットの変化とお客さまの考え方の変化に弾力的に対応できるようにしたこと。そのために、企業情報部と業務部の2部しかつくらなかったこと

④人事については、恵まれた人材が揃っていることを、各人がお互いに認め合うこと。「スマート」「ハイクオリティ」「多様なタレント」「女性社員」を生かすこと

⑤徹底的に、マーケットに合わせたビジネス展開を行うこと。さらには、ニュートラル、公

平・中立な立場に立脚してビジネスに取り組むこと。たとえば、利益相反が起こり得る野村證券との間には、高い「チャイニーズウォール」を設けること
⑥人間の信頼をベースにしたビジネス、常に創造性を持ったビジネスを心がけること
⑦社員一人ひとりの個性を尊重すること
⑧M&Aは多数決で決めるコンセンサスビジネスではない
⑨質の高いスモールカンパニーをつくること
⑩仕事を急ぐこと

後藤は雑誌のインタビューに答えて、M&Aビジネスに取り組むにあたっての基本姿勢を表明している。その要点をまとめると次のようになる。

(1)M&A仲介企業としての思想について
日本におけるM&Aは、アメリカのように資本の論理だけではできない。力の論理だけでなく和の論理が重要で、支配の論理には継続性がなく支援の論理が大切になる。

野村グループは日本のほとんどの上場企業、大企業と深い関係を持っている。それに合弁相手となったワッサースタイン・ペレラ社からもたらされる情報と案件が加わる。その相乗

効果がM&A案件の発掘に強い力を発揮するだろう。今までは力が分散し、能動的に進行していなかったが、これからは野村企業情報を核として、案件の収集・整理・推進・蓄積を行っていこうと考えている。

さらに言えば、買い手の論理だけでは成立しない。常に企業双方の考え方に対する深い配慮が必要になる。結論として、企業売買という発想では日本のM&Aはできない。企業提携のお手伝いをするという考え方に徹することがポイントになる。

銀行のように売買代金の貸し付けをねらってM&Aを進めたり、資本系列や財閥系列をベースに進めるやり方は永続しない。同様に、証券マン特有のブローカーの発想や、アンダーライター（証券引き受け）の発想で進めるM&Aも難しいだろう。

ブローカーやアンダーライターの発想は一日も早く捨て去らなければならない。

ブローカーは、流通市場に出回っている株券を売買しているだけで、それによって手数料を受け取る。それはそれで社会的には立派なビジネスだが、経営戦略そのものと言える大株主の移動を扱うM&Aとは根本的に違う。

アンダーライターも同じことで、資金調達のために発行する株式は、経営権や経営の基本戦略とは関係がない。同じ有価証券を扱うにしても、この点を甘く考える人間にM&Aは任せられない。企業の一流経営者は、このことにすぐ気がつくだろう。

銀行や証券会社の発想は即座に捨てなければ、日本における新しいM&Aの世界は構築できない。M&Aの世界には、銀行のエゴや証券会社のエゴは通用しない。

私自身、ブローカーとアンダーライターの世界からインベストメントの世界に転身した経験がある。野村證券から日本合同ファイナンスへの転籍だ。まったく別の世界だ。世界が違えばモノサシがまったく違うので、それは仕方がない。その経験がある私も、今、改めて緊張している。M&Aの世界には今まで経験したことがない、まったく新しいモノサシが必要になるからだ。

(2)事業基盤について

一つひとつの案件をつくり上げ、そこから報酬をいただくのがビジネスの基本になる。案件が成立しなければ事業収入がないため、不安定になるのはやむを得ない。どのようにして当社の事業基盤を確立させていくかが、社長としての私の仕事である。

今、当社にはM&A案件が50件以上ある。そのなかで、具体的に詰めの段階に入っているのが20件ある。なかにはまだ成立するかどうかわからない案件もあるが、具体的に実現性のある案件を早く50件持ちたいと考えている。それによって、非常に安定的な事業基盤ができる。

陣容は46名。M&Aハウスのスタートとしては多すぎるかもしれないが、野村證券の人事担当の中野淳一氏と相談してこうなった。

1年間の経費の規模は、約10億円から11億円程度である。

(3)ワッサースタイン・ペレラ社との業務展開について

ワッサースタイン・ペレラは私が選んだ提携相手ではないが、野村證券は最高の相手を選んでくれたと思っている。ワッサースタイン・ペレラの特徴は三つある。

一つ目はメガディール。つまり、大口案件しかやらない。二つ目は敵対的M&Aにも平気で取り組む。三つ目はM&A経験が豊富で、最優秀の人材しか採用しない。これらについては解説が必要だ。

彼らは実にまともだ。私がヨーロッパのある会社との間で進めている8億円の案件を説明したところ、ペレラ氏はこれをビッグディールだと言った。取引はボリュームだけではなくクオリティが重要だから、金を出すヨーロッパの会社が世界的な企業であるこの案件はビッグディールなのだと。ペレラ氏は、この取引をまとめてワッサースタイン・ペレラにその企業を紹介してくれという。メガディールしかやらないと言っていながら、彼らの発想はきわめて健全である。

現在、アメリカで7つのメガディールが進行中だが、ワッサースタイン・ペレラはこのすべてのディールに買い手側・売り手側・防衛側のいずれかで関係している。ところがワッサースタイン・ペレラの経営はまったくうわついていない。ワッサースタイン氏はマンハッタンで全役職員に向かって「M&Aには波がある。こんなことがいつまでも続くと考えてはいけない。今がピークかもしれない」と説明している。実に謙虚な認識だ。こうした考え方には、私も心から敬意を払っている。

敵対的M&Aと言われるが、たしかに今の日本にはなじまない。だから、米国流のやり方を直輸入することは考えていない。しかし大切なのは「攻めることができない者に、企業を守ることはできない」ということだ。逆説的だが、よい相手に恵まれたと思っているのは、野村企業情報は将来、乗っ取りに対する防衛にも強いM&Aハウスにならなければいけないと考えているからだ。この点で、ワッサースタイン・ペレラに学ぶべき点は多い。

マンハッタンの事務所を訪問しても、彼らが来日したときに会っても、彼らは「ベスト・オブ・ザ・ベスト」の集団だと感じる。意見が異なるときは遠慮なくやり合うが、終わったあとはスッキリしている。彼らは正直でもある。日本のマーケットにおけるM&Aはよくわからないから、野村企業情報でどんどん進めて教えてくれと言っている。

(4)ジョイント・ベンチャーについて

野村證券から1億ドルを資本出資した。これからはワッサースタイン・ペレラから情報やノウハウを引き出すこともあるが、ワッサースタイン・ペレラもおそらく内部を固めるだろう。ワッサースタイン・ペレラは我々が予想していた以上に、アメリカのM&A業界では実力がある。その一端に野村グループの力が参加する。1億ドルによって、情報とノウハウのほかに配当も早めに得られることになるだろう。

ワッサースタイン・ペレラははじめのうち、野村企業情報は頼りないと見ていたようだ。日本ではM&Aがほとんどないからだ。当初、ワッサースタイン・ペレラは1億円を出資していたが、その後の出資には上限を設ける気でいたようだ。現在では、野村企業情報が増資するのであれば20%までは払い込むと言っている。実際にはどうなるかわからないが、私としてはたいへん喜ばしい。

ワッサースタイン・ペレラのペレラ氏は、野村企業情報の力と日本のマーケットを見直している。現在までに成立した案件以外にも、まだ表面化していない進行中の案件をワッサースタイン・ペレラはすべて知っている。

(5)産業別のM&Aに対する見方について

野村企業情報は産業分野にはまったくこだわらず取り組んでいく。それに、日本企業による海外企業の買収(IN-OUT)、海外企業による日本企業の買収(OUT-IN)、日本企業による日本企業の買収(IN-IN)の仕分けにもあまりこだわらない。グローバリゼーションが進む現代では、IN-INといってもOUTの要因が絡むに決まっているからだ。

友好的買収、敵対的買収の分類にもこだわるつもりはない。もちろん一定の哲学とセオリーに基づいたM&A業務を行っていくが、M&Aの定型的なセオリーをつくるつもりはない。

野村企業情報の運営で断固として守っていきたいのは、マーケットの論理だ。マーケットに深く接触し、マーケットでニーズを創造し、あくまでもマーケットのニーズに合わせていければ、必ず顧客に認めてもらえる。

(6)野村證券からの要請について

野村證券のエゴはマーケットに通用しない。だからこそ、それぞれの案件にふさわしい会社を選んで仕事を進めたい。そのためには、野村グループにとらわれずに、どことでも話をする。これがM&Aのポイントになる。

ただ、野村グループからの要請はいっさいない。日本合同ファイナンスもそうだが、親会社にお伺いを立てなければ物事が決められないケースはいっさいない。銀行や証券会社のほとんどは、親会社が口を出す。経営判断、業務運営の判断に親会社の意向が入る。しかし、野村グループは信頼主義だ。企業はインディペンデントでニュートラルでなければマーケットの変化についていけない。ましてや、マーケットの先取りなどできるわけがない。

(7)企業評価について

個々の企業の評価は、専門分野のプロや当事者企業のほうが詳しく、よくわかっている場合が多い。基本的な骨格は必要だが、我々はもっと基礎的なバランスシートの正確性や、対外契約関係の正確性などに留意しなければならない。

その場合、それぞれの分野の専門家に助けていただく。弁護士と公認会計士に左右に座っていただき、そのお力をお借りしてきちんとしたビジネスを行う。

(8)報酬形態について

日本で最も質の高い仕事をするかわりに、相応の手数料をいただくことを考えている。レーマン方式（アメリカの投資銀行であるリーマン・ブラザーズ社がつくった料率表）なども参考にするが、野村企業情報なりの手数料の体系を、業界の先輩の方々と情報交換しながらつくり上げていきたい。少なくとも業界のルールづくりは、皆さんと意見交換をしながらつくっていくことになるだろう。手数料の形態にもいろいろ仕分けがあるが、それはもう少し経験を蓄積してからになる。いずれにしても、今の段階では質の高いサービスを提供できる体制をつくり上げることが第一である。

後藤は同時に、野村證券から野村企業情報に出向してきた若いメンバーに対し、経営方針とM&Aビジネスを進めるうえでの心構えを説いた。

総論やマクロの話はビジネスにとって何の役にも立たない。ビジネスは各論であり、ミクロに集中することによってしか成り立たない。内外のM&Aマーケットについて説明する時間があるのであれば、たった1件でもいいから案件に集中してもらいたい。

誰にでもお届けする分厚いマス情報はいらない。そのお客さまにしか通用しないパーソナルな情報を、どんなに枚数が少なくてもいいから用意してもらいたい。

知識と理論は絶対条件であり、全員が習得しなければならない。ただし、知識で仕事はできない。知恵がなければ意味がない。理論でビジネスはできない。ひらめきがなければビジネスにはならない。

大企業の論理、大企業の行動原理は、M&Aビジネスにはまったくそぐわない。中小企業の行動原理、中小企業経営者の当事者意識のみがビジネスを生む。大企業の社員が情報と思って交換しているものの大半は情報ではない。それは意味も持たない話題であり、上司に対する報告に過ぎない。

和気あいあいの仲良しクラブでは、M&Aビジネスはできない。ビジネスはハードネゴシエーションの世界だ。

ノンリスクを求めることは避けてほしい。徹底的にリスク・テーキングを行っていきたい。哲学的な表現になってしまうが、リスクを数多く持てばリスクは少なくなる。

情報の収集と整理は誰にでもできる。情報の素早い処理と情報に対する素早い反応がビジネスのポイントになる。情報と案件は、1日抱え込んだら腐ってしまう。

野村企業情報はシステムの世界ではない。指示も命令もない。野村企業情報はタレントの集まりだ。ビジネスは自然発生的に進めたい。

需要対応では遅すぎる。需要創造が我々の仕事だ。

証券会社や銀行の仕事は、不特定多数のお客さまに対する大量生産という量の世界の仕事である。野村企業情報の仕事は、特定され、限定されたお客さまに対する少量生産という質の世界の仕事である。

大企業では、組織がお客さまに対応する。野村企業情報では、人がお客さまに対応する。我々のビジネスに対する評価は、お客さまが厳格にくだす。野村企業情報では、お客さまが評価してくださらなければ、報酬はいただけない。

これから取り組むビジネスの成功例と失敗例は、貴重な財産として全員で共有する。

これらの基本方針や心構えをもって、野村企業情報は船出をした。

しかし、日本でM&Aビジネスを行う企業の「さきがけ」となったのが野村企業情報というわけではない。そこには、一歩先を走る「先人」がいた。

日本初のM&A専業会社レコフの存在

野村證券がトライしたように、すでにいくつかの企業や業界が国内・海外の大きな環境変化に試行錯誤を重ねながら、さまざまな形でM&Aマーケットに参加していた。それらをわけると次の五つのカテゴリーとなる（社名はすべて当時）。

(1)一般事業会社が独自に自社のスタッフで取り組んでいるケース
具体的事例：ミサワホーム、大日本インキ化学工業、トーヨーサッシ、ミネベア、ダイエーなど

(2)証券会社が自社内やグループ内のリサーチ機関として取り組んでいるケース
具体的事例：大和証券、山一證券、日興証券、勧角証券など

(3)銀行が自社内で取り組んでいるケース
具体的事例：日本興業銀行、日本長期信用銀行、第一勧業銀行、住友銀行、三和銀行など

(4)商社が自社内で取り組んでいるケース
具体的事例：伊藤忠商事、丸紅、三井物産、三菱商事、日商岩井など

(5)日本に進出している外国の証券会社、外国の投資銀行が取り組むケース
具体的事例：モルガン・スタンレー、ゴールドマン・サックス、メリル・リンチ、ファースト・ボストン、S・G・ウォーバーグ、N・M・ロスチャイルド&サンズ、クラインワート・ベンソンなど

この五つのカテゴリーのほかに、六つ目として誕生したのがM&A専業会社だ。M&Aハウスやブティックという言い方もある。野村企業情報もこれに含まれる。ただし、このカテゴリーでも野村企業情報が第1号というわけではない。

先行したのは「レコフ」だった。

レコフは、山一證券のM&A部門を育て上げた吉田允昭が１９８７年12月に設立したM&A専業会社である。設立時期で言えば、野村企業情報の10ヵ月前だ。その意味で、日本初のM&A専業会社はレコフであった。

しかも、野村企業情報が会社として設立されたばかりの１９８８年10月には、レコフは国内案件を手がけるレコフ・インベスト、国内と海外のクロスボーダー取引を手がけるレコフ・インターナショナル、企業経営アドバイスを行うレコフ事務所の3社でレコフグループを形成し、業務を開始している。

吉田は、１９７3年に山一證券で日本ではじめてM&A業務を始めた人物だ。野村企業情報と組んだペレラがファースト・ボストンでM&A部門を創設したのが、吉田の開始時期とほぼ重なる。

吉田は山一證券が手がけたM&A案件の半数以上に関わったとされるが、１９８７年の取締役営業開発部長を最後に、山一證券を退社する。レコフを立ち上げたのはそれから10ヵ月後のことだった。
そのとき、吉田を可愛がったのがダイエーの中内功だった。レコフの成長を考えるときに、ダイエーを外しては考えられない。初期のレコフが取り扱った案件では、ダイエー絡みのものが多かった。

野村企業情報設立から5ヵ月後の1989年3月19日、日本経済新聞からの申し入れにより行われた後藤と吉田の対談が朝刊7面に掲載された。
日本のM＆A草創期に重要な役割を果たした2人の関わりは数えるほどしかなく、共通点と相違点を見るうえで貴重な資料である。少し長くなるが、全文を引用したい。

「日本式M&Aを演出
黒子役　関係者絞りかん口令　吉田允昭氏
立役者　質を高めオープンに　後藤光男氏」

吉田：昨年、日本企業が手がけたM&A（企業の合併・買収）は五百件を超えました。私がM&A業務を始めたのは山一証券にいた十六年前の昭和四十八年です。そのころはM&Aという言葉もなくて、海外勤務経験のある金融マンが「ＡＱ（アクイジション）という企業買収の仲介の仕事があって、これは面白いぞ」と話していた程度でした。商売になるとは誰も考えてなかった。四十九年ごろに、たまたま国内の流通再編成にぶつかり、ユニードと九州ダイエーの合併にかかわりました。

後藤：私は昨年の十月まで日本合同ファイナンスという投資会社に五年ほどいました。ベンチャービジネスに投資する立場から、企業のトップとのお付き合いがあり、高橋高見さんのミネベアが保有していた三協精機株の新日本製鉄への肩代わりを仲介したのもこうした関係からです。ただ、社員には従来の証券会社の発想は捨ててくれと言っています。企業を売り買いするだけではなくて、法人格という人格を扱うのだという哲学がないと、日本ではＭ＆Ａは定着しないと思うのです。真剣に企業経営をサポートし、もり立てていくスタイルがないとだめです。

吉田：日本の企業は米国のように無機的な存在ではなく、悲しみも喜びも全部企業が持っている。それを集約しているのは社長です。ある社長夫人がこんなことを言っていた。「主人が朝四時に起きて、仏壇にお燈明をあげていたのです。ふだんはそんなことをしたことがないので、おかしいと思って聞いてみたら、前日に合併を決意したということでした」。この話、非常に日本的でしょう。今でもこんな心情は流れ続けていますが、十五、六年前と違うのは、日本経済が非常に大きくなり、国際化がドンドン進んできたことです。経営者がM&Aとは何かということをよく知り、経営戦略の中にその手法を取り入れようとしていることです。

後藤：企業の経営資源であるヒト、モノ、カネがひと通り手に入るようになると、今度は情報と時間を戦略的にどう配置するかということが重要な要素になってきます。情報は、集まる人にはうんと集まるけれども、集まらない人には少しも集まらない。企業は情報を集める体制を整えなければならない。そんな時代だからこそ我々の仕事の存在意義がある。

◎　◎　◎

吉田：日本の風土では、我々は黒子に徹しなければならないと考えています。米国の大手証券、銀行ではM&Aの仲介実績を新聞広告に載せ、自社の実力をアピールすることが必要なのです。私どもの場合は、話を持ち掛けて、それを相手が受けると、その段階で一歩身を引きます。それをひとつ間違えると、仲介先から「もうおれのところの話なのに、まだ自分のところのような気でいる」と批判されるわけです。

後藤：いま吉田さんは「黒子に徹する」と言われたけれども、僕は太陽の下で堂々とオープンにできるようなビジネスにしていきたいと考えているんです。私がこの会社を始めてからまだほんのわずかですが、手掛けた六件は、合併した両方の会社の了解を得てすべて公表しました。インサイダーの問題も出てきているので、取りかかった段階でも公表する必要が出てきており、極力、表に出していった方がいいと考えています。

吉田：敵対的なM&AなりTOB（株式公開買い付け）が、日本の産業社会に定着するかどうかという点については、しばらくはないと思います。日本では金融がしっかりしているからで、ほとんどの会社は銀行・生損保が株を持っていますが、あれは経営者の支援株です。

後藤：そうですね。日本では経営者の持ち株が少ないケースがほとんど。大銀行のビヘービアによって経営が動くので、そこを経営者がきちっと固めている限り敵対的なTOBは出にくい。

吉田：メーンバンクとか主幹事制度から企業が自由になってきたとはいえ、まだそういう考えは非常に根強いから、TOBをかける場合は必ずどこかの金融機関に代理人に立ってもらわなければならない。大多数の経営者の反発をかってまで代理人となることは日本の証券会社、あるいは銀行にとって決断しにくいことでしょう。

後藤：我々がM&A仲介会社として戦う場合があるとすれば、それは防衛的なものでしょう。いま経営の意向とは関係なく株を集めているケースが百とか百五十あると言われています。

その中には経営をサポートするために、我々が防衛を依頼されるケースもあるでしょう。

吉田：市場から無理やり買って成功した例は皆無と言っていいのではないでしょうか。日本の企業社会では株を買えばいいという単純な構造にはなっていないと思います。今後、数年はそういうことは起こりにくいのでは。

◎　◎　◎

後藤：四月一日から実施されるインサイダー規制の強化は我々にとって最大の関心事です。私どもがこの会社を設立したこと自体がインサイダー取引に対する世間の誤解を避けることが目的のひとつにあったわけです。私は難しく考えても始まらないので、お客さまに対しても社内にも単純に「しゃべるな・(株を)買うな」の二つを守るよう徹底しています。

吉田：私は今までM&Aの仲介をやってきて、事前に話が漏れたことはいっさいありません。関係者を極力絞ることが大事です。山一時代にも社の幹部には知らせませんでした。私と担当者しか知らないし、相手の人間も少数に絞るんです。

後藤：野村証券の田淵節也会長は、「私から事前の報告はしませんよ」とお願いしようとしたところ、その前にインサイダーの怖さを指摘されて、「新聞を見て楽しむからいいよ。僕に話すとしゃべってしまうよ」と言ってくれました。

吉田：日本のインサイダーは大体が上司が部下を評価して、「あいつはこんな仕事をしている」と第三者に話す場合が多い。本人は全く悪意がない善意のインリイダーなんで、それが一番怖い（笑い）。

後藤：日本の大金融機関の場合、会長、相談役には事前にお耳に入れておかなければ、ということが伝統的にある。長老などが、「事前にちゃんと関係者にお断りしておきなさい」なんて現職の方に言う。長老が「善意」で礼儀作法を教えていることが情報漏れにつながるわけです。金融機関の基本的な思考と行動パターンである報告主義はこの世界には当てはまりません。百年の歴史の中でそういう体制ができたので責められませんが、我々がビジネスカルチャーを変える大きなきっかけになるのではないでしょうか。

吉田：銀行のそういう体制などもあって国内企業同士のM＆Aは爆発的には増えないと思います。過去八年か十年で件数は二倍ぐらいしか伸びていない。ところが日本企業が海外企業を買収する件数は七、八倍に増えています。ただ、いまのペースで海外企業を買収していったら、いずれ海外から逆攻勢をかけられたり、批判されたりといった揺り戻しがあるかもしれませんね。

後藤：私どものようなM＆A仲介の専門会社ができても、個々のケースについて専門外の方が「あの会社ならおれが間に立ってあげることができたのに」とか、「あの程度のM&Aならおれにもできた」といってくる場合が多い（笑い）。最近は専門業者の重要性を分かってもらえるようになりましたが……。

吉田：M&Aにはリスクがつきもの。合併、買収をするとき仲介しておいて、それは当事者がやったこと、では済まされない。うまくいかないと、必ず「おまえのところがこんな会社を勧めたから」とか、「おまえのところは幹事証券からはずすぞ」とか、冗談半分にしても言ってくる。金融機関にしてもそういうリスクは負いたくないんでしょうか。独立した専門会社の利点がそこに出てくるのです。

後藤：大日本インキの川村茂邦さんやミネベアの高橋さんなどこの道の大先輩がおやりになるビジネスには、我々は入らせてもらう余地はないかもしれない。それ以外では、本人同士で交渉していたにしても最後の条件の詰めでは専門会社の知恵を借りる必要が出てくる。そんな場合でも専門会社としてちゃんと仲人のお礼はいただきます。

吉田：私は前から言っているのですが、M&A仲介業務にはコンペティターがないのです。後藤さんと私がある日、同じ発想をし、同じ企業に働きかけるのならコンペティターになり得ますが、そういうことは全くない。情報は新鮮で唯一無比でなければならないのがM&Aの鉄則ですから。

後藤：一人ひとりの手作りなんですよ。私も現在の会社を設立して四カ月になりますが、確かに吉田さんとは一回も会いませんね。これからの産業界はスーパー化する会社が片一方にあって、もう一方には専業化する世界がある。野村証券には一万人の社員がいますが、今の会社は三十人でやっています。質の高い仕事は小さい世界から生まれやすい。ぼくはそういう意味のハイクオリティーな中小企業に育てたい。

M＆Aビジネスに対する考え方では、見出しに書かれたように吉田は黒子に徹する一方で、後藤はオープンにする点が強調された。しかし、よく読むと日本におけるM＆Aについての2人の考え方はほとんど同じだった。

後藤は、今もなお吉田を尊敬し、認めている。いくつかの点で相違が見られたが、M＆A草創期を走り続けた先駆者の仕事を知ることは、日本のM＆A業界の現在のプレーヤーにとっても意味があるのではないだろうか。

結果はすぐに出た

1988年10月19日に野村企業情報を設立後、すぐに結果は出た。設立初期に成約した特徴的な案件がいくつかある。

野村企業情報としての第1号成立案件は、1988年11月に実行された東京都武蔵村山市に本社のある未公開企業山崎工業（電子部品製造業）に対し、東証一部に上場する日本セメントが30％の資本参加を行った案件である。

山崎工業はこの結果、信用力の向上と成長力の加速化を実現させ、その後1990年1月にワイケーシーに社名変更している。一方の日本セメントは、この資本参加により歴史と伝統のある素材分野から先端技術分野への進出戦略の具体化を図った。この案件は中堅企業の新しい成長戦略、生き残り戦略を主眼に置いたM&Aである。

ほぼ同時期、野村企業情報にとっても日本のM&A史においても特筆すべき案件が成立した。

1988年11月に日立造船が保有する日産建設の36・7％の資本と経営権をニチイに譲渡し

た案件である。

日立造船の中長期戦略の一環としての関係会社見直しのニーズと、ニチイによるゼネコン会社への経営参加ニーズが合致した。

なお、ニチイはその後マイカルに社名変更するが２００１年に経営破綻、イオングループのもと経営再建を図るも２０１１年にイオンリテールに吸収合併されて消滅した。

この案件がなぜ日本的なのか。

そもそも日産建設を欲しがったのはニチイだった。当時のニチイは主力のスーパーの店舗数拡大期で、ショッピングセンターやスーパーの建設に年間５００億円程度の投資を行っていた。さらに、ニチイの経営陣には新しい街づくりを担い、生活総合産業として成長していきたいという強い思いがあった。

街のなかに店舗をどのようにフィットさせていくか。街づくりと店づくりという命題を突き詰めるため、自らデザインも手がけていた。

しかし、社内で決定したデザイン案を大手ゼネコンに持っていくと、建設業界の常識などによって却下され、ゼネコンサイドで描き換えた設計図になって返ってくる。ニチイは自分たちの意見がまったく通らないことに危機感を抱いた。

それを解決するには、自ら建設会社を持つしかない。規模は中堅クラス。毎年数百億円の投資はしばらく継続することが見えていた。

野村企業情報はニチイのアドバイザーとなり、後藤は担当役員の話をもとに、会社四季報をめくりながら対象企業を探したところ、日産建設が目にとまった。日産建設の大株主には、日立造船が入っていた。日立造船がこの株を持ったのは、日本鉱業から株を譲り受けたという経緯も知っていた。後藤は直感的に日立造船は株を売る気があるかもしれないと思った。

後藤は、日立造船に赴いた。

「日産建設さんを手放していただくことは不可能でしょうか」

後藤の問いかけに、日立造船側はこう返した。

「当社は子会社、関係会社を数多く保有しています。これからもつくっていきますし、買収もやります。しかしながら、一つひとつの会社の立場に立って、どのような形になるのが幸せなのかを研究しています。日産建設については、当社が抱え込んでおくべきか、幸せになれるのであれば手放すべきか、ちょうど真ん中にある会社だと考えています」

驚く後藤に、さらに続ける。

「お相手はどちらですか」

当然のことながら、野村企業情報とニチイの間には守秘義務契約が締結されている。後藤は日立造船に断り、隣室の電話を借りてニチイに電話をかけた。

「今、日立造船さんとお話ししていますが、ニチイさんのお名前を出してもよろしいでしょうか」

ニチイは日立造船の姿勢を聞き、社名を出すことに同意した。電話を切り、交渉の場に戻った後藤は、日立造船に社名を伝えた。すると、日立造船はこう答えた。

「ニチイさんであれば、お相手としてまったく問題はございません。ぜひ、日産建設が幸せになれるビジネスプランをお聞かせいただけますか」

後藤は、ニチイが日産建設を欲しがった理由を話した。

「なるほど。で、日産建設の従業員と役員は幸せになりますか」

日立造船のポイントはその点だった。価格ではない。後藤はニチイの代弁者として、ニチイのスタンスを説明した。

「ニチイさんは、日産建設さんの株をただ取得するだけという発想ではありません。ニチイさんはもともと4社の合併でできた会社です。日産建設の皆さんを、ニチイグループの中核としてお迎えしたいとおっしゃっています」

つまり、ニチイは日産建設を「同僚」として迎えたいという発想だった。これを聞いた日立造船は、自分の子会社がニチイの街づくりに役立つなら、と売却に同意してくれた。

価格交渉は、そのあとに行われた。

「お値段はいかがいたしましょうか」

日立造船から時価での売買を申し入れてきた。ところが、日産建設の株価は数ヵ月前までは700円をつけていたが、交渉をしていた数ヵ月で650円まで下落していた。

「どのくらいが妥当なのでしょうか」

後藤の問いに、日立造船はこう答えた。

「650円でいいですよ。時価なのだから」

ニチイサイドは異論を唱えず、その価格であっけなく決まってしまった。

アメリカ式のM&Aであれば、日産建設を買いたい企業を4~5社用意し、ビジネスプランと価格を提示し、最も高かったところに売却する。

しかし、日本式M&Aは違う。売却側と買収側の経営理念が合わなければ実行しない。そのためには、日産建設の従業員と役員だけでなく、日産建設の顧客、親会社である日立・日産グループ全体が納得するシナリオができていないといけない。

そこまでは野村企業情報も関わる問題だが、資本が移動した後もニチイと日産建設は動き続けた。両社の社長が連れ立って、日立製作所、日産自動車などに挨拶に回った。そのおかげで、日立・日産グループは、株をニチイに売却してしまった後も日産建設を社長会から外さないという決断をした（当時）。

本件は日本式のM&Aの典型例として、翌日のフィナンシャル・タイムズ紙で大きく報道された。

　さらに、1990年1月に成約したのは、岐阜県関市に本社のある未公開企業で、高級紙ナプキン製造業の東海紙工（現ジョイトーカイ）の創業者が、日清紡（現日清紡ホールディングス）に全株式を譲渡した案件である。

　発端は後継者問題だった。東海紙工の創業社長には娘が2人いたが、どちらも会社を継ぐ気はなかった。その話を野村證券の入社2年目の営業マンが聞きつけ、事業承継を扱う会社として野村企業情報を紹介した。すると、創業社長はすぐにでも会いたいと乗り気になり、野村企業情報の営業部長が訪問した。

　東海紙工は、売り上げ十数億円、特殊技術を持った紙ナプキン製造企業で、その時点で設備投資も終えて実質無借金経営を貫いていた。創業社長の身内に後継者はなく、工場長や経理部長など役職者にも適任者がいなかった。

　売却の選択肢しかなく、創業社長に売却先の希望がないか聞いた。

「私どもはこういう特殊な紙を扱う企業ですから、製紙会社、紡績会社、合繊会社、パルプ会社、商社などどこでも構いません」

　そう言いながら、野村企業情報が具体的な会社名を出すと、創業社長はなかなか首を縦に振らない。そんなやり取りを2時間ほど続けた営業部長は、しびれを切らしてこう切り込んだ。

「ところで社長、あなたはどこに渡したいのですか」

創業社長は、おずおずとこう言った。

「私は日清紡を尊敬しているのです」

「早く言ってくださいよ」

営業部長が東京に戻り、後藤は話を聞いた。後藤が日清紡に提案すると、すぐに返答があった。

「こういうケースですよ、ウチが欲しかったのは」

当時の日清紡は、あまりM&Aの経験がなかった。常務が乗り出してきて、一つひとつ丁寧に進めていった。

東海紙工は、創業時から地元の十六銀行をメインバンクにしてきた。長年の取引から、創業社長と代々の支店長の信頼関係は深い。その関係で、創業社長は支店長にこの売却話を相談している。しかし、極秘扱いの慣例を順守し、必要最低限のルートにしか報告していなかった。そのおかげで、交渉は秘密裏に進めることができた。

後藤も、創業社長が十六銀行に相談していることを知っていた。しかし、会社を育ててきた銀行が納得する条件で決めなければ、社会的公正さに欠ける。銀行のアドバイスがあればそのほうがいいと後藤は考えた。東海紙工を育てたのが十六銀行であることは、日清紡の常務にも伝えた。

交渉の結果、100%譲渡が決定した。

すると、日清紡は買収資金を自己資金やメインバンクなどから借りず、買収先の東海紙工のメインバンクである十六銀行から調達したのである。日清紡はその資金で株式を買い、株式を売却した創業社長は手に入った売却資金をその日のうちに十六銀行に預金した。

この取引からわかるのは、十六銀行は東京に本社を構える東証一部上場企業が優良貸出先となったことに加え、高額の預金が突然入ったということだ。これを知った当時の十六銀行の頭取が、野村企業情報との業務提携を指示し、1990年10月に業務協定を締結した。

これが日本経済新聞に掲載された。すると、岐阜県内の優良企業から事業承継がらみのM&Aの引き合いがあった。そこから、多くの案件につながっていった。

これらのケースを中心に、野村企業情報はアメリカ式とは異なる日本的なM&Aを次々と成約していった。

一方、海外企業とのM&Aも増えていった。

1988年12月には、大阪市に本社のある東宝薬品工業（未公開）の創業者ファミリーが、西ドイツ（当時）・マンハイム市に本社のある世界的に有名な製薬会社ベーリンガー・マンハイム社の日本法人に対して、当初17％、最終的には100％の資本譲渡を行い、実質的に合併した。

東宝薬品工業の社長は、業績も好調だったため株式公開を目指すことも検討したが、製薬業ならではの将来における莫大な開発費用負担を考慮し、世界的企業との結びつきを決断した。現在の社名はベーリンガー・マンハイム東宝となった。

このケースは、日本における「OUT−IN」の先駆けとされている。本件の成立を発表したあと、世界各国の製薬会社からの問い合わせが相次いだ。

1989年2月、アメリカ・カリフォルニア州に本社のある栄養補助食品製造販売業シャクリー社の日本法人で、日本シャクリー（店頭公開）の資本77・7％を、山之内製薬が買い取り、経営参加した。

アメリカのシャクリー社は、第三者から株式の買い占めにあい、世界でもっとも高収益をあげている子会社の日本シャクリーを売却した資金で企業防衛にあたった。

買収した山之内製薬は、この直後にアメリカのシャクリー社の買収にも成功した。

1989年9月にはアメリカ・ニューヨーク州に本社のあるティファニー社（宝飾品販売業）の株式約10％（未登録株150万株）を三越がゼネラル・エレクトリック社（GE）の関連企業GECCから取得した。

三越は、従来からティファニー社の銀製品や宝石などを東京・香港・ハワイなどで販売してきたが、これによってさらなる提携が強化された。

そして1989年12月には、カナダ・ボルトン市に本社のあるハスキー・インジェクション・モールディング・システム社（金型製造業）に対して、小松製作所（現コマツ）が26％の資本参加を行った。

ハスキー社は、精密金型や中大型の射出成型機分野の高度な技術を融合し、小松製作所の販売力を利用することで販売強化を図った。

一方の小松製作所は、ハスキー社の金型技術を取り入れることで射出成型機をシステムとして受注できるようになり、プラスチック事業の拡大に弾みをつけることとなった。

M&Aに対する根強い拒否反応

順調に成約を進める一方で、後藤は日本人にM&Aに対する根強い拒否反応があることを感じ取っていた。多くの経営者から話を聞くと、日本人にはM&Aに対する「誤った認識」があることがわかってきた。それは、M&Aを「乗っ取り」「いかがわしい」と断ずるイメージだ。しかし、一般の人たちが「誤った認識」を持つに至った理由はある。事実「乗っ取り」が横行した時代があったからである。

古くは、1950年代。実業家・横井英樹による白木屋デパートの株の買い占め事件。海運業でも1970年代に三光汽船によるジャパンライン株の買い占めがあった。バブル時代には経済事件として立件された株の買い占めなども相次いだ。そうした事件や、事件にならなくてもマスコミを賑わせた攻防などによって、一般の人には株式の取得＝乗っ取りというイメージが浸透してしまっていた。

後藤は当時を「地方の企業でM&Aの話をすると、素直に信じてもらえなかった」と振り返る。会社を売るという話にアレルギー反応を持つのは、企業が家業だからだ。自分が築き上げたり、先代から引き継いできたりした企業を人の手に渡すということに対し、経営者としては失敗、敗北と捉えるのは日本人の基本的な考え方だった。

日本企業のM&Aのキーマン高橋高見

当時は、企業が売買の対象だということを誰も考えていなかった。企業を戦略的に買ったり売ったりすることについて、そういう手法があること自体が認識されていなかった。

それは、時代背景から見ても、自分の企業で新しいモノをつくり、マーケットづくりをすることで経済が拡大していったからだ。

しかし、まっとうな経営者であれば「このままでいいのか」という問題意識を持つはずだ。そうなると、あの企業と提携したほうがうまくいくという考え方が出てくる。当時はM&Aという言葉が一般的ではなかったため、話し合いで提携したり合併したりすることが難しければ株の買い占めに走るしかない。

ところが、一流企業がどこかの企業を買い占めると、それは経済行為とは見られず強奪するという経済活動における倫理観に抵触する行為ととられる。結果として、買い占めが正当な経済行為だとしても、踏み切るには躊躇があった。

しかし、そうした状態が続くのは、企業行動として不健全である。

これに早くから気づいていたのがミネベアの高橋高見だった。経営戦略として、自分の企業のこの部分が弱いから、そこを補強するためにある企業を買収する。ミネベアはＭ＆Ａを駆使することで企業を大きくしていった。

とはいえ、高橋も「乗っ取り屋」「買い占め屋」のレッテルをはられた存在だった。高橋が進めた経営戦略としてのＭ＆Ａは注目されず、センセーショナルな部分だけがクローズアップされて広められたからだ。

後藤はそんな高橋と野村證券新宿支店営業課長に就任した１９６９年頃から親しい仲だった。高橋は後藤を可愛がり、後藤は高橋を慕った。

日本のＭ＆Ａの歴史のなかで一時代を築いた高橋高見に物申せる男。
日本のＭ＆Ａ業界を生み、支えた田淵節也に信頼される男。
日本のＭ＆Ａにとってキーマンとなる２人に選ばれた後藤光男とは、いったいどのような人物なのだろうか。

飛ぶ鳥を落とす勢いだった野村證券時代

後藤光男が野村證券に入社したのは、1958（昭和33）年4月のことだった。

当時は就職難の時代で、後藤が学んだ横浜市立大学から野村證券を受けたい学生は15人ほどいたが、推薦をもらえたのが5人、内定したのは後藤一人だった。

入社式は日本橋の本社で行われたが、最初の赴任先は名古屋駅前支店に決まっていた。たまたま新人研修の講師に名古屋駅前支店の初代支店長がいて「名古屋人の財布のひもは固い」という話をしたので、後藤は「私は名古屋の人の財布のひもをほどきます」と挨拶した。入社3日目、名古屋に向かって移動した。

最初の仕事は、支店の上得意客である東邦ガスの株主リストに載っている先に、端株の買い増しを勧めることだった。当時の株式の売買単位は500株。たとえば364株保有している人に136株買ってもらい、500株にしてもらうのが課せられた任務だ。

後藤の担当は名古屋市の北西部に位置する西区と中村区にある200件。西区にはメリヤス工場、中村区には闇市が立っていて活気にあふれていた。1日10件回るとして、1ヵ月で終わると計算したが、3ヵ月かかった。

ある日、先輩社員の営業に同行する。その先輩は東京大学出身で、営業プランを練り込んで顧客のところを訪問するタイプだった。

「今日は何？　投資信託を買ってくれって話？」

「いいえ、そういう話ではないんです。今日は若い社員をご紹介しておこうと思い連れてきました。それから、景気の見通しなどもご説明したいと思いまして……」

「それはありがとう。今日は商売の話じゃないんだね？　景気の話は一度聞きたいと思っていたから、ゆっくり聞かせてよ」

投資信託などを切り出すチャンスがなくなった。先輩は景気動向を30分ほどかけて説明した。

「今日はありがとう。じゃあね」

顧客が立ちあがろうとしたとき、後藤は先輩に叱られる覚悟で口走った。

「社長さん、先ほど先輩は商談じゃないと言いましたが、実は社長のご機嫌の良いときに投資信託を1000万円ほど買っていただくからと、私の教育のために連れてきてくださったんです。ですから、今日は先輩のために買ってください」

顧客は笑い出した。幸運にも、満期を迎えた預金があったので、投資信託を1000万円買ってもらった。後藤は、そのころから顧客でも思ったことをストレートに口にするが、不思議と顧客に嫌われないキャラクターを身につけていた。

実績としても、当時は誰も達成したことがない月間1000万円のコミッションをあげ、野村證券の新記録を達成した。

名古屋駅前支店には7年8ヵ月勤務し、野村證券発祥の地である大阪に異動となった。1965年11月、配属先は大阪支店営業部である。当時、梅田に支店を大々的にオープンし、大部分の顧客を移管したため、大阪支店営業部には顧客がほとんどいなかった。後藤は5000株以上を保有する大株主だけに狙いを定めて外交した。

加えて、大阪の企業の創業経営者にコンタクトしようと決めた。上場企業では岩谷産業、小野薬品工業、永大産業、江崎グリコ、樫山、くろがね工作所、サンスター、ダイキン工業、大和ハウス、日清食品、早川電機、松下電器産業などがあった。もちろん、未公開の優良企業の創業者も含まれる。

ある日、営業部長の豊田善一から、後藤はこう持ち掛けられた。豊田は本社の事業法人部時代に田淵節也から絶大な信頼を得ていた人物だ。

「後藤くん、投資信託を募集してくれませんか」

後藤はその月の営業部全体の目標額をクリアしていることを報告した。

「いや、違うんです。大口の質の良い注文がほしいんです」

豊田によると、田淵節也が投資信託の担当になったため、自分も若い者と一緒に投資信託を募集したいとのことだった。

後藤は、ある大口顧客のもとに走った。その顧客は、すぐに3000万円の注文を出してくれた。夕方、豊田に報告すると、もう少しないかと言われる。後藤は永大産業に赴き、会長の深尾茂（当時）に会いに行った。後藤は、こんな言葉から営業を始めた。

「現在の日本の貯蓄水準だと、個人資産家で1億円の現金を目の前で用意できる人はいないものですねぇ」

後藤のつぶやきとも質問とも取れる言葉に、深尾が答える。

「そんなことないよ。1億円用意できる人はいくらでもいる。ぼくも何人か知っているよ」

「それは違いますよ。株式や土地であればいます。会社のお金ならいます。でも個人のお金ですぐに現金を用意できる人はいないですね」

「そんなことあるものか。ぼくならできるよ」

「いやぁ、わかりませんよ。野村證券は日本中のお金持ちのいそうなところに店を構えて玄関を開けっぱなしにしていますし、私たちもお金持ちのところに手分けして外交していますが、現金を1億円ポンと出してくれる人はいません」

「そうかなぁ」

「その証拠に、野村證券が投資信託を募集し始めて15年になりますが、個人で投資信託を1億円買った人はいません。昭和26年以来、一度もないんです」

「そりゃ知らなかった。ところで、ぼくが投資信託を1億円買うとどうなるんだ？」

「それはたいへんなことになります。野村證券はひっくり返るような騒ぎになりますね」

「後藤くんが部長になれるのか？」

「それはありません。私は課長代理です。野村證券はそんなに軽い会社じゃありません」

「それじゃあやめた」

「いや、深尾さん。もしあなたが本当に1億円買ってくださったら、まず豊田と今原（今原禎治営業部次長）が喜びます。そこで、すぐに豊田は将来の社長候補と言われる田淵節也に電話を入れるでしょうね。田淵はこんど投資信託担当になったので、大喜びするでしょう。いよいよ投資信託を個人で一度に1億円買ってくださるお客さまが出てきたことを、投資信託の生みの親である奥村綱雄の耳に入れるかもしれません」

「本当かなぁ」

「そりゃ決まってますよ。少なくとも、田淵が大喜びするところまでは間違いありません」

「よし、わかった。1億円出そう」

後藤はすぐに営業部に帰って報告したかったが、話題を変えて落ち着こうとした。ひととおり話が終わったところで、深尾は静かに言った。

「さっきの投資信託だけどな、5000万円にしておかないか？」

後藤は姿勢をただし、深尾を見つめて言った。

「深尾さん、今日は投資信託を買っていただきに来たのではないんです。1億円という数字をいただきに来たんです。ですから、9900万円までだったら嬉しくないんです」

深尾は一瞬考えたあと、再び穏やかに言った。

「よろしい。1億円買ってあげるよ」

後藤は最敬礼して会長室を辞去し、永大産業の門を出た。しばらく歩き、角を曲がったところで全力で走った。公衆電話を探し、会社に電話を入れた。豊田に代わってもらい、ポイントだけを説明した。

「豊田さん、お願いがあります。すぐに深尾さんにお礼の電話を入れていただけないでしょうか。そこで、できましたら田淵節也さんのお耳に入れたところ、たいへん喜んでいたと深尾さんにお伝えいただきたいのですが」

豊田はすぐに電話を入れ、後藤の望むように対処した。約束の4日後に後藤が会長室を訪ねると、深尾は小切手帳を開いて1億5000万円也と記入し、サインした。後藤は金額を確認した。2回数えたが、間違っている。

「深尾さん、10億5000万円になっていますよ」

「そんなことないよ」

そう言いながら深尾は自分の目で確認した。すると、最後の「0」を二重線で消して後藤に返した。

「小切手の金額の訂正は通用しませんから、書き直してください」

深尾は笑いながら、後藤に語りかけた。

「大丈夫だよ。それで回してごらん。もし銀行が認めないのなら、10億5000万円でもいいよ」

後藤は、深尾の資産の大きさを見誤っていた。

「後藤くん。きみは幸せだ。きみの会社は上司と部下がものすごい信頼関係でつながっているね」

後藤は1968年12月、新宿支店営業課長の辞令を受け取った。

ここで、ミネベアの高橋高見と邂逅《かいこう》する。

あるとき、締め切り日近くなっても投資信託の募集ができていなかった。目標は3500万円だが、まだ500万円しか募集できていない。そんなとき、部下が日本ミネチュアベアリングの高橋高見社長のアポイントを持ってきた。それに後藤も同行した。後藤は投資信託の営業を始めた。

「ミネベアは優良企業なので、野村證券の新宿支店で株主づくりをしたいと思います。しかし、創業者一族が株式を大量に保有されているので、市場に出回っている株式が少なく、買うとすぐに値上がりしてしまいます。もし高橋社長の5万株を市場に放出していただけたら、良い株主を50人つくらせていただきます。そうすると、高橋社長のお手元に3000万円の現金ができるので、それで野村證券の投資信託を買っていただきたい」

高橋はじっと後藤の話を聞いていたが、ようやく口を開いた。

「つまり、良い株主をつくる代わりに、私の株と野村の投資信託を取り換えてくれという話だな。これは興味のある話だ。明日の朝返事をするから、ひと晩待ってくれ」

後藤は、即座に言い返した。

「高橋さん、いつもは明快なジャッジを下される高橋さんも、いざご自分のお金になるとひと晩かかるのですね」

高橋は後藤を睨みつけた。

「なに？　ここで10分待っておれ」

高橋は席を立ち、部屋を出て行った。5分ほどして高橋が戻ってくる。すると、後藤の目の前に5万株分の株券をポンと置いた。

「判断がつかなかったんじゃない。株券がどこにあるのか調べてみようと思っただけだ」

後藤は約束どおり、その日のうちに50人の株主をつくった。

普通、上場企業の経営者にこんなことを言える営業マンはほとんどいない。それをしゃあしゃあと言って憎まれない「可愛げ」のようなものが、後藤には備わっていた。

野村企業情報で後藤を支えた新田喜男（現㈱TMAC相談役）は、営業マンとしての後藤をこう評す。

「後藤さんは、野村證券とお客さまが好きでしかたがない人です。そして日本と日本の会社が大好きな人です。そのくらいお客さまに入り込んだ人ですね」

後藤は、一度会った人とは、電話でも会っても旧知の間柄のように話せるという。

「それがまったく嫌みに感じないのです。普通は、お金をもらうことは最後に回してしまうものです。言いにくいからですが、後藤さんはハッキリと『うちは高いですよ』『うちは即金主義ですよ』と説明します。お金絡みの気まずい雰囲気のなかで後藤さんにニコニコしながら言われると、値切ったりできないのではないでしょうかね。あれは天性のもの。人の懐にやすやすと入って心をつかむ。そんなことはなかなかできないと思いますね」

やはり野村企業情報で後藤の部下だった山道裕己（現㈱東京証券取引所代表取締役社長）も秘書

から聞いた話として、人たらしの後藤の一面を語る。

「日本合同ファイナンスの専務のときに、投資をするか迷っている社長に会うために広島に行こうとしていたときのことです。広島空港は山のなかにあるので、霧がかかって降りられない。後藤さんは、飛行機のなかでその社長に向けて謝罪の手紙を書き、羽田に戻って相手に電話するのはもちろん、車で会社に帰る途中で車載電話で秘書に電話をして手紙の文面を伝え、すぐにファクシミリで送るように指示したそうです。そんなことをされたら相手は嬉しいですよね。そうした人の心をつかむ能力は非常に高かったですね」

1971年11月、野村證券に入社して14年目、36歳の後藤は原町田支店の支店長に任命された。ここで後藤の運命は大きく変わる。

協同飼料事件で逮捕

1972年から1973年にかけて、株式市場は活況を呈した。

そのさなかの1973年2月22日の朝、東京地方検察庁の担当官が後藤を訪ねて原町田支店にきた。用件を聞くと、後藤ともう一人の社員に東京地検に任意で出頭するようにという話だ。そのまま出頭した後藤らは、丸一日事情聴取されて帰宅を許された。

その日から、世間を大きく騒がせる「協同飼料事件」が幕を開けた。

それは、当時の証券取引法違反として、検察当局が初めて刑事罰を適用する株価操縦事件だった。

その日から、株式市場は大暴落を始めた。

2週間後の3月6日、後藤は呼び出しを受けそのまま逮捕、東京拘置所に収監された。

1972年5月、社員が横浜市に本社のある協同飼料の大津利社長にソニー株を買ってもらったお礼に、後藤が表敬訪問した。協同飼料の企業内容を調べると、成長著しい企業として評価されていた。そこで、後藤は原町田支店の顧客に協同飼料株を推奨した。

2ヵ月ほどして、協同飼料の公募増資が発表になった。

このことは、後藤も社員もまったく知らなかった。ただ、当時は公募増資を発表した企業の株は値上がりするのがほとんどだったので、協同飼料のケースも好材料だと思った程度だった。

値上がりするなかで、原町田支店の顧客は協同飼料の株を売却し、公募算定期間に入る1ヵ月も前に取引は終わっていた。

その後、予定どおり公募増資は完了した。

その直後、幹事証券会社の一般検査の一環として、原町田支店にも大蔵省の臨時検査が入ったが、後藤には何の指摘もなかった。

しかし、東京地検は後藤が協同飼料と幹事証券2社の支店長と共謀し、公募価格を釣り上げるために株価操作を行ったと判断した。

後藤は、幹事証券の日興証券と大和証券の支店長と電話をしたこともなければ会ったこともない。部下も同じだった。そもそも、名前さえ知らない。

後藤は取り調べに対して真実を答えたが、東京地検は後藤を逮捕した。


拘置所に収監された後藤は、そこで11日間を過ごした。

後藤は、この時自分のことより、むしろ周囲のことが気になった。

「野村證券、特に本社に被害を及ぼさないようにする」

「支店の部下を事件に巻き込まないようにする」

この2点だけを意識し、責任を自分一人で負うことに決めた。もちろん、真実をありのまま話し、しっかりと聞いてもらうことはしなければならないと決意した。

現在の東京地検には、有価証券取引やマーケットに詳しい検事が揃っている。しかし、当時は株式の用語から取引の手法、注文の出し方などについて質問しながら取り調べを進めるような状態だった。

すべてをありのまま話したが、後藤は起訴された。しかし、野村證券で起訴されたのは後藤一人だった。後藤が心配した事態にはならなかった。

後藤は裁判が終わったら、野村證券を辞めるつもりだった。

自分より大切な崇高な存在である会社に迷惑をかけ、野村證券という社名を汚したのだから当然という意識だった。罪を犯したかどうかは問題ではなかった。

ところが、野村證券内にも「後藤を辞めさせてはいけない」と考える上司や同僚が多くいて、顧客にも同じように考える人がいた。

特に、大阪時代に懇意になった日清食品の安藤百福は、野村證券の大阪駐在副社長のところに直接乗り込んできた。

「後藤くんを辞めさせるのであれば、ウチが引き取る。後藤くんはだいぶ値下がりしちゃったけど、日清食品は元値で買い取るから、よこしなさい」

その副社長は血相を変えて東京に来た。

「安藤さんからこういう話があったけど、丁重にお断りしといたからな」

野村證券としても、後藤を辞めさせる気はなかった。

最終的に裁判は11年間に及び、後藤は懲役8ヵ月、執行猶予2年の刑に処された。判決が出るまでの間、後藤は本社の公社債部、営業企画部を渡り歩いた。地方銀行の債権管理システム「ボンドＭＩＳ」を広げ、新たな貯蓄商品「中期国債ファンド」の立ち上げに関わった。営業企画部次長時代の上司が、取締役に昇格した営業企画部長の田淵義久だった。

裁判中だったため、証券会社にとってはお決まりの転勤がなかった。本社に残り続けた後藤は、人脈を広げるだけ広げた。後藤が後に思いもかけぬ組み合わせのＭ＆Ａを思いつくのは、野村證券時代に広げた多彩な人脈が影響している。

日本合同ファイナンスでの経験

裁判が結審し、判決を待つ間の１９８３年11月、後藤は日本合同ファイナンス（現ジャフコグループ㈱）の取締役就任の内示を受け取った。野村證券在任は24年8ヵ月だった。

裁判の間、後藤には居場所がなかった。

罪名が証券取引法違反だったため、判決が確定し、刑期を終了してから5年後までは野村証券の取締役にしてはならないと証券取引法は定めていた。毎年役員人事の季節になると、上司が「後藤（の昇格）はないぞ」と言っていた。

しかし、待たせるにも限界がある。

「後藤、おまえを待たせておくのもいい加減にかわいそうだから、そろそろ出す。どこか希望はあるか」

そう聞かれた後藤は、こう答えた。

「では、証取法とまったく関係がないところに出してください」

それを満たすのが日本合同ファイナンスだった。

野村證券の関係会社のなかで、証券業と関係がなく、証取法とも関係がない、裁判を争う大蔵省の行政範囲の外にあったのが、日本合同ファイナンスだった。

野村證券のグループのなかには野村総合研究所や野村不動産などという証取法とは関係のない企業もあったが、両社とも明らかに野村の子会社である。

「そういうところには後藤は出せない」

上層部からの指示で残ったのが日本合同ファイナンスだったわけだ。

取締役就任の内示をもらった後藤のもとに、日本合同ファイナンスの今原禎治社長から電話が入った。

「仕事が忙しい。それに、仕事を急ぎたい。まだ正式な役員ではないが、できたら明日からきてもらえないだろうか」

後藤は電話を切ると、すぐに新宿野村ビルにあった日本合同ファイナンスの本社に駆けつけた。野村證券の後藤から見て、日本合同ファイナンスの業務はわかっているつもりだった。ところが、いざ仕事を始めてみると、自分の理解が浅はかだったと気づかされた。さらに、まったく見当違いだったことが明らかになった。

日本合同ファイナンスの仕事は、実践的な経営学そのものだった。

後藤が野村證券から当時の日本合同ファイナンスへと転籍したのは、大企業から中堅企業への転籍だった。ただ、部長というサラリーマンから取締役という経営者になったことも大切な変化だった。

「当初はその程度の理解でよかったのですが、時間が経つにつれてその深い意味がわかってきました。それは、自分は証券業界から産業界に転籍したという実感です」

そう後藤は語る。

産業界は証券業界とは違って行政による保護はなく、フルリスクの世界だった。一瞬たりとも手を抜く時間はなく、少しでも気を抜くとたちまち会社全体に影響が出る。口だけの評論家は許されず、つねに行動するプレーヤーでなければならない。

野村證券時代の後藤は、野村證券で良い仕事をしてきたことに対する誇りを生きがいにしてきた。しかし、転籍してからは違うことを考えるようになった。

「自分はフォローの風のなかで、フェアウェーだけを歩いてきたのではないだろうか。雨のなかで、深いラフのなかに入り込んでボールを打ったことがあっただろうか」

後藤は、日本合同ファイナンスでの経験に感謝したという。

「日本合同ファイナンスでの5年間の役員経験は、中堅・中小企業の意思決定やビジネスのあり方を徹底的に教えてくれました。それだけではありません。この5年間に私は3500社の経営者と面会し、600社以上の投資先企業の経営者とお付き合いいただいてきました。その過程で、どのような経営者が企業を発展させたか、どのような経営者が経営に失敗したかを数限りなく見させていただきました」

反対に、企業が倒産するケースにも30件以上遭遇し、そのすさまじさも体験したと後藤は語る。

「企業経営にとって何よりも大切なことは、企業理念の構築です。理念なき戦略は、日本では成功しません。また、企業理念のない会社は、役職員を金儲けだけのために世界中を飛び回る、単なるセールスマンにしてしまいます。これらのことを、徹底的に教えられたのが日本合同ファイナンスの5年間だったのです」

この経験は、1988年10月に就任した野村企業情報の社長としての信念に大きく影響している。

野村企業情報（NWP）の実績

野村企業情報の設立から実績について後藤自身が記録した書籍『企業提携の時代　日本企業によるM&Aの世界』の改訂版（後藤光男・新田喜男共著　産能大学出版部）が1995年12月に刊行されている。

その書籍によると、野村企業情報設立からおよそ7年が経過した1995年5月31日時点で集計したところ、M&Aの実績は次のとおりとなった。

取り組んだ案件数＝８７９件
うち国内＝５０４件（57％）
うち海外＝３７５件（43％）
成立した案件数＝１５２件（公表された案件85件・未公表の案件67件）
うち国内＝１０４件（68％）
うち海外＝48件（32％）

海外案件の対象国はアメリカ、カナダの合計が約半数で、残りの半数がイギリス、ドイツ、オランダ、イタリア、ノルウェー、オーストラリア、ニュージーランド、韓国である。国内案件は東京、大阪、名古屋に加え、北海道、四国、九州とほぼ全国にわたっている。対象企業の業種についても、ほぼ全産業分野にわたっている。国内の上場企業や店頭登録企業も多数含まれ、日本の代表的な企業グループ（三井・三菱・住友・松下・日立・トヨタなど）のほとんどから引き合いを受けている。

案件はすべて友好的なもので、敵対的買収は1件もない。

ただし、上場企業の企業防衛（ディフェンス）のコンサルティングビジネスにも取り組んでいるため、その意味では買収側と敵対している。

このデータから、日本におけるM＆Aが大企業はもとより中堅企業、中小企業、地方企業に浸透し、身近なテーマとなっていったことがうかがえる。後藤はこう語る。

「日本企業にとって、M＆Aに関係ない企業は1社もなくなる時代になりつつあると実感していました」

そのために、野村企業情報はワッサースタイン・ペレラ社との合弁という当時は世界でも数少ない組織をつくり、東京、大阪、ロンドン、ニューヨーク、ロサンゼルスに拠点を設置して日本人のM＆Aプロフェッショナルを配置した。日本企業が世界中のどこでも日本語でM＆Aに関するサービスを受けられるように体制の整備に努めた。

1990年7月には、東京・大阪・ニューヨーク・ロンドンを結ぶコンピューター情報システム網を構築し、情報の一元化と効率化を推進した。翌8月には地方銀行とM＆A業務での提携を開始し、日本全国に面での展開を始めた。

その結果として、現在に続く日本のM＆Aの取り組みの嚆矢《こうし》となる案件を次々と実現してきた。それをテーマ別に分けると次のようになる。

①中堅企業の成長戦略、生き残り戦略
②中堅・中小企業の事業承継

③日本の大企業による子会社・関係会社の見直しと成長支援
④日本企業同士の買収・合併
⑤日本における企業防衛と株主政策
⑥日本企業による海外企業の買収および資本参加
⑦海外企業による日本企業の買収および資本参加
⑧日本企業と海外企業との合弁会社の設立
⑨海外企業の日本戦略

日本経済に大きなインパクトを与えた案件

①松下電器産業によるアメリカMCA買収

1990年9月実行。アメリカ・カリフォルニア州に本社のあるニューヨーク証券取引所上場の総合娯楽産業・MCA社を、松下電器産業（現パナソニック）が買収した案件。

MCA社は劇場用映画・テレビ番組制作大手で、大型テーマパーク（ユニバーサルスタジオ）

も運営している。松下電器産業はMCA社の買収により、ハイビジョンなどで多様化するニューメディアに対応したAVソフトの充実、強化を狙い、世界一の強固な基盤づくりを目指した。

買収金額は総額約61億ドル（約7700億円）と、日本企業による外国企業の買収では当時史上最大の規模となった。

松下はハードの製造に比べてソフトの充実度が低かった。MCAの買収を企図したのは、MCAの持つソフトの力を生かすのが狙いだった。ひと足先の1989年にソニーがコロンビア・ピクチャーズ・エンターテインメントを買収し、出遅れに焦っていたこともある。

この案件は、最初から野村企業情報が関わっていたわけではない。アメリカ企業の買収ということで、松下はアメリカのアドバイザーをつけていた。買収価格もおよそ1兆円で決まりかけていた。このとき、松下の平田雅彦副社長が最後の確認をした。

「この案件について、何か問題あるか。松下幸之助さんが残したお金を半分以上使ってしまうのだから、何かやり残したことがないか確認しよう」

さまざまな項目をチェックするうち、日本企業でありながら日本人の（M&Aの）専門家にまったく相談していないことに気づいた。

「日本人といっても、誰に相談するんだ？」

この時点で、後藤をはじめ野村企業情報は松下電器産業との間にパイプはなかった。それにもかかわらず、松下は野村企業情報を指名した。

「野村證券がM&Aの会社をつくったはずだ。どんな会社かわからないが、野村證券だから大丈夫だろう。そこにやらせよう」

松下はすぐに動いた。野村企業情報を訪れた松下側の担当者は、対応した後藤と山道に野村企業情報がどのような会社でどのような実績があるのか尋ねてきた。後藤は、懸命に説明した。帰り際、後藤はその担当者をエレベーターホールに送りながらこう言った。

「M&Aにはサイズがあって、10億円ぐらいをアジ、サンマ、サバだとすれば、100億円のサイズがカジキマグロで、1000億円のサイズがクジラです。アジ、サンマ、サバは数多く捌いてきました。カジキマグロもそれなりにやりました。でも、まだクジラは捌いたことがありません。とはいえ、体の構造は同じはずですから、1000億円を超えるものでもできると思います。ぜひ仕事をさせてください」

しばらくして、松下から連絡があった。野村企業情報にアドバイザーとしてこの案件の評価をし直してほしいとの依頼だった。

後藤は案件を精査する。1兆円も価値がある企業は世界中を探しても多くはないし、しかも、先行きの不動産や株式の市場が低調になっていくことを考えれば、買い急ぎは損をすると考えた。

しかし、悠長に構えていて別の会社に持っていかれたら、本気で買いにいっている松下に顔向けができない。後藤はニューヨークから持ち帰った分厚い資料をもとにした社員のブリーフィングを聞き、今は動くべきではないことを確信した。

「要するに、今は動くなってことだな？」

「はい。今動いたら向こうの術中にはまってしまうので、ここは我慢です」

「わかった」

後藤はそう言うと、松下の平田副社長のところに行った。開口一番こう言った。

「この大きな案件は現時点で言うと風林火山の山です。動かざること山のごとしです」

この言葉で平田副社長が納得した。

松下は後藤のアドバイスをもとにMCAとの粘り強い交渉を行った末、1兆円を主張していた売り手の売却価格を7700億円まで引き下げさせた。

1995年、松下はMCAをカナダの大手醸造会社シーグラムに売却する。MCAの買収は当初の目論見どおりにいかなかったが、松下は損失を最小限に止めることができた。

②ソフトバンクによるコムデックスの買収

1995年4月実行。店頭公開企業ソフトバンクが、インターフェース・グループの展示会部門「コムデックス／フォール」を8億ドルで買収した案件。

コムデックス／フォールは、毎年20万人以上の来場者を集める世界最大のコンピューター見本市を運営するオーガナイザーである。日本の躍進著しい新しいタイプの専門企業が、世界一のシェアを持つ米国のコンピューター展示会部門を買収したことで、戦略的M＆Aとして大きな注目を集めた。

この展示会部門は、コムデックスなど17のコンピューター展示会を運営していて、ソフトバンクはコムデックスに集まる最新情報を得て、ソフトや周辺機器の品ぞろえや雑誌編集の面で大きなメリットを享受できる。当時のソフトバンクはデジタル情報産業における突出したインフラを持つことを目指していた。

野村企業情報は、ワッサースタイン・ペレラとともにファイナンシャルアドバイザーとして、インターフェース・グループとの交渉に参加した。それとともに、精緻な財務予測モデルに基づき、協調融資団に対するファイナンススキームの提案も行った。

というのも、ソフトバンクがコムデックスを8億ドルで買収すると表明したとき、日本の銀行はソフトバンクの体力を超えていると不安視した。コムデックスは、ラスベガスで開かれるIT関係の機材の展示会を運営する企業として世界でナンバーワンだったから、ソフトバンクには荷が重いと判断したのだ。社長の孫正義は、当時はまだ信用がなかった。そのため日本の銀行は、買収資金を融資することに及び腰になってしまった。

野村企業情報は若手社員を総動員し、ソフトバンク社長の孫の意向を反映させた形で、ソフトバンクがコムデックスを買収したあとの「絵」を描き、銀行を納得させるためのプレゼンテーションのための資料を作成した。最終的に、銀行は融資団を組成し、買収資金を融資した。

このコムデックスの買収は、ソフトバンクが国際化していく出発点になった。

結果的に、コムデックスとソフトバンクのシナジーは限定的だったと思われる。しかし、この案件を皮切りに、コンピューターとインターネット関連に特化した総合メディアマーケティング事業を展開するジフ・デイビス・インクを買収し、ヤフー（Yahoo!）に行き着き、アリババ（Alibaba）に行き着いた。このM＆Aは、ソフトバンクが変わっていくきっかけになった重要な案件である。

M＆Aは基本的に、ただ単に企業と企業を提携、合併させるだけでなく、財務的効果から企業のシナジー効果まですべてを担う。要するに業界の分析から始まり、持っている企業が何を望んでいるかというシナジーづくり、それがどの程度の可能性があるか分析し、M＆Aを実行した場合のファイナンスまで仕切らないと、本当のアドバイザーとは言えない。

野村企業情報がM＆Aのアドバイザリービジネスを始めたころは、銀行にそのような感覚が乏しかった。M＆Aを実行した場合、自分の銀行がその企業に貸し付けている債権の確保が最大の関心事だったからだ。買収資金を新たに融資するところまで手が回らなかった。場合によっては、貸し倒れリスクが増大したとして、貸付金を回収するケースさえあった。だから、M&Aに対しても積極的に取り組む姿勢は乏しかった。

③いなげや・忠実屋の企業防衛に失敗

1989年5月、中堅スーパーのいなげやの猿渡清司社長と、同じく中堅スーパーの忠実屋の高木吉友社長との間に企業提携の合意がなされ、野村企業情報が業務提携と資本提携のアドバイザーとして指名された。

しかし当時、小林茂が率いる秀和が流通関連株を大量に取得し、中堅スーパーの大合同によって流通業界を再編するという構想を抱いていた。いなげやと忠実屋も買い占めの対象となっていて、いなげやは21・4%、忠実屋は33・3%を秀和に握られていた。小林からはほかのスーパーとの再編を提案されたが、両社はこれを拒否。その打開策を野村企業情報が検討することとなった。

野村企業情報、森綜合法律事務所、プライスウォーターハウスの3者のアドバイスにより、両社は株式を持ち合う第三者割当増資を行うことを決議する。それは秀和の経営参加を防ぐため、増資することで秀和の持ち株比率を下げることを狙ったものだった。そのときの発行株価が、市場価格に比べて3分の1から5分の1という安値だった。

しかし、秀和は即座に東京地裁に仮処分を申請する。争点は両社の第三者割当増資が特定の株主を優遇する有利発行に当たるか、そして新株発行が不公正な発行になるかどうかだった。東京地裁は、秀和の申し立てを全面的に認め、市場価格が異常な水準を付けていたとしても、相当長期間続いた「市場価格は株価を判断する原点である」と認めた。この増資は違法となり、資本提携は不可能になった。

このとき、いなげやと忠実屋の主幹事証券だった野村證券は「野村企業情報の行動と判断について野村證券はいっさい関係していない」と表明した。野村證券としては、マーケットを否定されるようなことを子会社がやるのは許しがたい行為だ。だが、いなげやと忠実屋から委託を受けた野村企業情報からすれば、顧客を守らなければならないのは当然の責務である。

委託を受けた以上、野村證券にお伺いを立ててはいけない。後藤ははじめから野村證券との間にチャイニーズウォールをつくっていたからだ。M&Aアドバイザーとして、M&Aの本質、M&A業者のあり方などをどうやって保つか。たとえ親会社であっても、グリーンメーラー（標的にした企業の株を買い占め、その企業に高値で買わせる投資家）から顧客を守るためには親会社と反対の立場に立たざるを得ない。後藤も社員たちも、苦しみながら闘った。

この裁判を境に、買い占めをする勢力が日本の市場から退出していった。

④小糸製作所をグリーンメーラーから守る

1989年3月、アメリカ・ブーン社のブーン・ピケンズが、突如として小糸製作所の発行済み株式数の20・2%を取得し、筆頭株主として表舞台に登場した。ピケンズの要求は自らを役員に登用すること、増配をすること、日本企業特有の「ケイレツ」取引を是正することだった。

小糸製作所サイドは西村眞田法律事務所が対応に当たったが、西村利郎弁護士がM＆Aの専門家と組むことを望み、野村企業情報に声がかかった。

後藤がワッサースタイン・ペレラにピケンズの情報を求めたところ、次のような回答が寄せられた。

・多数の弁護士を雇い、法律を犯さない
・政治的野心を持ち、すべてのことを政治に結びつける
・ピーアールの名手。特に、頭の悪い退屈した新聞記者を走らせるのが得意である

ジョセフ・ペレラが来日し、野村企業情報のサポートをした。

「アメリカの企業がブーン・ピケンズ氏に対して与えていないことを、日本の企業も何一つ与えるべきではない」

そう言ったペレラは、アメリカでピケンズと6回闘い、6回とも勝利していた。

野村企業情報も参加した小糸製作所が中心の対策チームは、次のような方針で事に当たった。

「ピケンズの行動はM＆Aとは言えない。正体不明の株集めであり、小糸製作所の株式を取得する明確な理由と必然性が理解できない。これは今後の日本におけるM＆Aの正しい発展と歴史を考えた場合、きわめて迷惑な話である。この点を明確にしておくことが最大のポイントになる」

1991年4月28日、ピケンズはワシントンポストの投書欄で小糸製作所からの撤退を表明した。日米政府間レベルの問題にまで持ち込もうとし、世界中のマスコミを騒がせた大事件は、常識的な決着に落ちついた。後藤は小糸製作所の参謀として闘い、ピケンズの要求を完全に退けたのである。

このとき、小糸製作所の株式を19％保有し、密接な取引をしていたのがトヨタ自動車である。ピケンズサイドはトヨタ自動車に株式の肩代わりをさせようと画策した。それを突っぱねたのが豊田英二会長（当時）であり、担当者として関わっていたのが奥田碩専務（当時・のちの社長）である。

後藤は、奥田のいる名古屋に出向き小糸製作所の考えを説明した。

「トヨタには、俺以外にやるヤツがいねえんだよな。だから話を聞くよ」

奥田のもとには、銀行も証券会社も「何かあったらお手伝いします」と言いに来ていたという。しかし、ピケンズによる小糸製作所株買収案件ではほとんどが逃げて行った。そのなかで唯一、野村證券の子会社の小さなM&Aハウスだけは違った。だから奥田は後藤の言うことに耳を傾けたのだ。

新たなる出発・野村證券と合併

1989年12月29日に日経平均株価の3万8915円の最高値を記録したのをピークに、日本経済は下降の一途をたどった。バブルは崩壊し不動産の評価額は半値以下に下落し、株価も急落。不良債権の急増により、金融危機に陥った。野村企業情報も窮地に追い込まれた。

M&Aでは高額の買収資金を用意しなければならない。しかし、銀行は不良債権を大量に抱え、融資の回収に奔走し、新規の貸し出しを渋るようになった。時価発行増資をしようにも、株価が低迷しているなかでは難しい。社債を発行しても引き受け手が見込めないため、資本市場からの調達も厳しい。M&Aを実行しようとしても、ファイナンスのメドが立たないため見送る企業がほとんどだった。

そのため、業績が悪化するのは確実だった。

後藤がその気配を察知したのは、1992年の秋ごろだった。感覚が鋭い後藤はそう感じたらすぐに動いた。10月から11月にかけてリストラ計画を立て、役員の反対を押し切って12月に断行した。

「自分の会社のリストラができなくて、人様の会社のコンサルティングはできない」

それが後藤のロジックだった。野村證券から出向している社員は、親会社に返した。大阪、ロンドン、ロサンゼルスの営業拠点を閉鎖し、海外拠点で唯一残したニューヨーク事務所の人員も半減させた。このような苦境に、辞める社員も出てきた。結果的に、70人いた社員は44人になった。

野村企業情報の事務所は、グループ会社の野村不動産が管理する物件に入っていた。後藤は、野村不動産にも乗り込んで家賃の値下げ交渉をした。野村證券のグループ会社が管理する物件の家賃を値切るのは、グループ内ではタブーとされていた。その話はすぐに野村證券本体に伝わる。後藤の評判はガタ落ちしたが、ひるまず切れるコストにはすべて手をつけた。

グループ会社の付き合いで買わされたゴルフ会員権を、部下に「買った値段で返して来い」と命じた。野村證券グループもバブル崩壊の痛手を受けているはずだが、後藤に押し切られて購入価格で引き取った。

後藤は、やると決めたら時間をかけない。この作業を、後藤は20日間で終えた。

しかし、1993年3月期決算は5億円の資本金が目減りするほどの赤字を出した。

株主に無配転落を報告したとき、後藤は涙を見せた。

「M&Aは、日本で成り立つのだろうか」

社会的使命を背に走り続けてきたが、このときはじめて疑問を持った。

失意の後藤を救ったのは、田淵節也の言葉だった。田淵はこう言った。

「M&Aは必ず社会を明るくする」

後藤は改めてその言葉を胸に刻み、難局を乗り切ろうと決意を新たにした。

この合理化が奏功し、1994年から業績は回復し始めた。翌年の1995年には、設立以来のピークだった1990年に迫る水準まで戻した。

同業者は、毀損した体制を立て直すことができず、次々と撤退していった。

野村證券グループには、グループ会社の社長は62歳定年のルールがある。1935年3月生まれの後藤は1997年3月に62歳を迎える。後藤はその慣例にのっとり、同年6月に野村企業情報の社長を退任した。

あとを継いだのは山道裕己だった。

就任は1998年。山道はワッサースタイン・ペレラ社に出向後、1990年から野村企業情報に入り、野村企業情報は設立からしばらくの間は、野村證券からの独立を強く意識して活動してきた。野村證券事業法人部の突破力、外交力は桁違いの水準だ。まだM＆Aのノウハウも持たないうちに有能なタレントと組ませてしまうと、野村企業情報のほうが便利屋になっていいように使われてしまい、人材育成やM＆Aマーケットの健全な発展が望めなかったからだ。

しかし、後藤が社長を務めた晩年は、人材もノウハウも揃ってきた。野村證券事業法人部との関係も密になり、一体で動く素地ができていた。これまで、野村證券本社の人間は子会社を下に見ていた。それがなくなったのは、野村企業情報がはじめてだった。

そうしたなかで山道は1998年から2002年までの4年間は、野村證券の取締役、常務取締役を兼務する形で社長を務めた。山道は堪能な英語力を生かして海外案件を中心に取り組み、松下電器産業のMCA買収にも深く関わったが、社長就任後も後藤の了解を得たうえで野村證券とポジティブな協力関係を築き上げた。そして2002年の年間収入を、80億円近くまで伸ばした。

日本社会にM＆Aが定着し、それほど珍しい話ではなくなっていた。さらに日常的に良い案件を手がけていくうえで、野村企業情報を野村證券のなかに入れ、営業力をもっと利用したほうがいいと山道は判断した。山道から合併の相談を受けた後藤は、

「それは良かった。山道君がそう思うのだったら即刻決めなさい」

と言った。

2002年、野村企業情報は野村證券に吸収合併された。14年の使命を終え、野村證券の一部門として新たなスタートを切った。

現在、野村證券のM&A部隊は百数十人の大所帯になっている。野村企業情報時代の40人そこそこと比べれば、3倍以上の規模である。

日本にM&Aが定着

野村企業情報が設立された当初から、M&Aが日本の企業風土に合うのか、日本でM&Aの専業ビジネスは成り立つのかという基本的な課題があった。

「昭和から平成にかけての激動の7年間の体験では、M&Aは確実に日本企業の経営戦略のなかに根付いたと思います。私どもも、企業が成長を考えるうえで必要不可欠な存在になってきたのではないでしょうか」

後藤はそう語る。

その背景として、後藤にはいくつかの課題を乗り越えたという自信がある。

①M&Aは「乗っ取り」ではない

野村企業情報が設立された1988年ごろ、日本の経済メディアの多くは日本にM&A時代が到来したことを伝えていた。「M&Aは嫌いだ」と語る企業経営者が多かったのは、M&Aが乗っ取りと同義語と解釈されていたことが大きく影響している。

しかし、日本で敵対的M&Aが成功した例はほとんどない。M&A先進国のアメリカでも、敵対的に始まったM&Aが最終的には友好裏に終了している案件が多くなっている。日本におけるM&Aとは、資本提携、大株主の移動、資本譲渡、資本参加、事業承継であり、「敵対的」とは対極に位置する企業戦略である。

②M&Aはクロスボーダーのメガディールだけではない

日本ではM&Aが「国境をまたぐ（クロスボーダー）超大型案件（メガディール）」というイメージが先行した。そうした華やかで高額な案件はマスコミが大々的に報じるので、その印象が強く残ってしまうからだ。

もちろん、７７００億円のディールとなった松下電器産業によるＭＣＡ買収のようなケースもあったが、それだけではなく大小さまざまな形があること、経営戦略の一環であることが理解され始めた。

③Ｍ＆Ａはテクノロジーだけではない

アメリカのウォール街では、インベストメントバンカーのなかでもとびきり優秀な人たちがＭ＆Ａに取り組んでいる。Ｍ＆Ａのディールは高度なテクノロジーを駆使して組成され、ＬＢＯやＭＢＯなど、その手法も進化していった。

しかし、日本のマーケットには、アメリカの金融テクノロジーをそのまま持ち込む土壌が整っていなかった。日本企業によるＭ＆Ａは新しい金融テクノロジーを駆使する世界ではなく、きわめてオーソドックスで地味で人間的な企業提携の世界である。

日本の企業経営者は、企業を譲渡する際にできるだけ高く売って莫大な金額を手にすることより、譲渡した企業が永遠に繁栄していくことを、はるかに重要なテーマとして考えている。この点が日本企業のＭ＆Ａでは最も重要なポイントである。

④M&Aは今に始まったことではない

1990年代に入りM&Aが脚光を浴びるようになり、日本企業の経営戦略の一つとして位置付けられるようになったのは事実である。

野村企業情報やレコフといったM&A専門会社が登場したり、銀行や証券会社のなかにM&Aを扱う専門部隊が設立されたりしたのも、その流れを裏付けている。

ただ、実際にはM&Aは90年代に入り始まったわけではない。日本企業は戦前戦後を通じて、M&Aを駆使して企業を成長・拡大してきた。新日本製鉄、大阪商船三井船舶、東洋紡、第一勧業銀行など、日本を代表する企業が日本的な方法で合併を成功させていた。

つまり、M&Aは難しく特別なことではなく、ごく一般的な経営戦略である。この認識が急速に広がり始めたことでM&Aが定着した。

⑤M&Aは大企業だけのものではない

欧米から新しい経済手法や仕組みなどが導入されると、次のようなステップを踏んで日本の経済界に定着してきた。

第1段階

(1)欧米の手法がそのまま持ち込まれる

(2)大企業がイニシアチブをとる
(3)マスコミが大きく報道し、数多くの解説書が出版される
(4)環境の変化を受けて、短期間にひととおりの結果が出る。当然のことながら失敗するケースも出てくる
(5)鎮静化の段階を迎える

第2段階

(1)大企業の動きを見ていた中堅・中小企業が、新しい経営手法を積極的に取り入れ、活用し始める
(2)日本全国にこの動きが急速に浸透していく
(3)欧米の経営手法が日本化されていく
(4)日本経済のなかに、いつの間にか日本的な形で定着する

M&Aもまさにこのステップを踏みながら着実に中堅・中小企業に浸透してきた。
ただし、M&Aが成立するためのポイントがいくつかある。

①企業を譲渡する側が、なぜ譲渡するのか、その理念と理由を明解にすること

②企業の正確な財務諸表をはじめ、必要資料を十分に提供すること
③譲渡条件の決定に際しては、あくまでもその対象会社が将来にわたって幸福になることを第1順位に置いて検討すること
④取引金融機関の全面的な理解と協力を得ること。特に、大企業の子会社であったときの融資姿勢と独立した中小企業となったあとの融資姿勢について、事前に確認をしておくこと
⑤譲渡を受ける側は、上記に加えて経営の継続の原則を大切にすること

これらの条件が満たされてはじめて、M&Aは成功する。

日本でM&Aが定着したと考えられるもう一つの要因は、大企業の子会社・関係会社に関する戦略の変化である。

バブル崩壊後、大企業が国内や海外の企業を子会社や関係会社として買収したり、資本参加したりする動きが大幅に減少する一方で、子会社や関係会社の資本や経営権を手放す動きが加速した。その理由はいくつか考えられる。

ⓐ親会社がバブル崩壊による環境激変のなかで、経営不振の子会社を支えられなくなって

きた

ⓑ親会社からの天下り人材では、中小企業である子会社の経営は難しいこと

ⓒ右肩上がりの経済のなかでの多角化戦略の失敗と限界が顕在化したこと

ⓓ子会社や関係会社であるがゆえに、思い切ったリストラが進められないこと

ⓔ子会社や関係会社の資本や経営を譲渡することが、親会社のメンツ以前に、それぞれの子会社や関係会社が持続可能なビジネスモデルを描けるのであればそのほうが望ましいとの認識が広まってきたこと

ⓕM&Aによって業績が回復し、活力が生まれ、高収益企業に生まれ変わった子会社・関係会社が相次いだこと

ⓖ中堅企業・中小企業の若手経営者が大企業の子会社・関係会社に興味を持つようになったこと

ⓗ東南アジアの企業経営者のなかで、日本企業の経営に興味を持つ人が出てきたこと

野村企業情報は7年間で879件の案件に取り組み、成約案件数152件、顧客リストには約500社（名）の名前が刻まれた。この事実からは野村企業情報の設立が日本における本格的なM&A時代の到来を後押ししたことがわかる。

Ｍ＆Ａは大企業が国際化を急ぐために海外企業を買収するための手法という認識は急速に薄れ、同時に株式の買い占めや乗っ取りとはまったく異なるものであると正しく認識されるようになった。Ｍ＆Ａは企業が幸福になり経済に活力をもたらす、きわめて合理的な経営戦略であることが実証された。

その結果、中堅・中小企業や地方の企業でのＭ＆Ａも活発となり、今では事業承継問題解決の切り札としても期待されている。

後藤は、社長晩年のころに日本におけるＭ＆Ａビジネスに適した人材について、ユーモアを交えてその資質をいくつか挙げている。

・人格的に欠陥がある人にはつとまらない
・頭の悪い人にはつとまらない
・健康でなければつとまらない
・明るい性格でなければつとまらない
・未知の話に耳を傾け、話を合わせ、わからなければ勉強し、習得できなければつとまらない

・静かに話す人でなければつとまらない
・一度会った人を覚えている人でなければつとまらない
・対話の最中に相手が何を考えているかわからない人にはつとまらない
・英語が堪能でなければつとまらない
・ニッコリ笑って価格交渉ができる人でなければつとまらない
・口の軽い人にはつとまらない
・相手の言葉をすべて記録に残せないとつとまらない
・会計と法律の基本を知っていなければつとまらない
・脅かされても平然としていられないとつとまらない
・不幸な出来事を一瞬で消化できなければつとまらない
・トラブルやリスクから逃げたがる人にはつとまらない
・よく本を読み、物事を深く考えられない人にはつとまらない
・嘘をつく人にはつとまらない
・上から目線の人にはつとまらない
・部下に仕事を押しつけて自分は何もせず、報告だけを待っている人にはつとまらない

そして何よりも大切な資質は、顧客に「やめたほうがいい」と言える胆力だという。「成立させなければ金にならないM&Aの世界で、それでもやめましょうと言えるかどうか。そこが決定的に重要だ」

後藤は「M&Aに携わるには、正直でなければならない」と説く。

これはアドバイザーに求められるだけではなく、売り手も買い手も同じである。問題を知っているのに黙って進めるのは、自分の仕事に対する冒瀆だ。誠実ではない。

また、遠慮なく言うことも大事になる。気がついたことは躊躇せずに言い、曖昧さが残っていればそれをつぶす。つぶし切れなければやめる。「これはディールをやらせてもらった者の責任だ。これらの資質はM&Aに取り組む者の原点である」。

今、M&Aに取り組んでいる人に尋ねても、おそらく「そんなことはわかっている」と言うに違いない。しかし、わかっていることとやっているかは別の問題である。

わかっているのであればやる。

できないのであれば学ぶ。

M&Aのアドバイザーを担う者の責任は重い。しかしそれを乗り越えるだけの価値がある。

M&Aアドバイザーはそんな仕事である。

それはかつても、そしてこれからも変わらない。

後藤光男（ごとう・みつお）

1935年東京生まれ。1953年東京都立南多摩高等学校卒業。1958年横浜市立大学商学部卒業後、同年野村證券株式会社に入社。名古屋駅前支店を皮切りに、大阪支店営業部、新宿支店を経て原町田支店長、本社営業企画部長を歴任。その後、日本合同ファイナンス株式会社専務取締役を経て1988年10月、野村企業情報株式会社社長に就任。1995年産能大学客員教授。著書：『株式公開会社倍増時代』（産能大学出版部刊）『企業提携の時代』（産能大学出版部刊）『道は拓かれる』（東洋経済新報社刊）。

第3章

座談会「日本のM&Aの現状と未来」

第1章の現状認識、第2章のM&Aの歴史を踏まえ、
本章では日本のM&A業界を牽引する
渡辺章博（GCA㈱創業者）、
中村　悟（M&Aキャピタルパートナーズ㈱代表取締役社長）、
荒井邦彦㈱ストライク代表取締役社長）と
三宅　卓（モデレーター・㈱日本M&Aセンターホールディングス代表取締役社長）の
4人のトップに「日本のM&Aの現状と未来」を
テーマに語ってもらう。

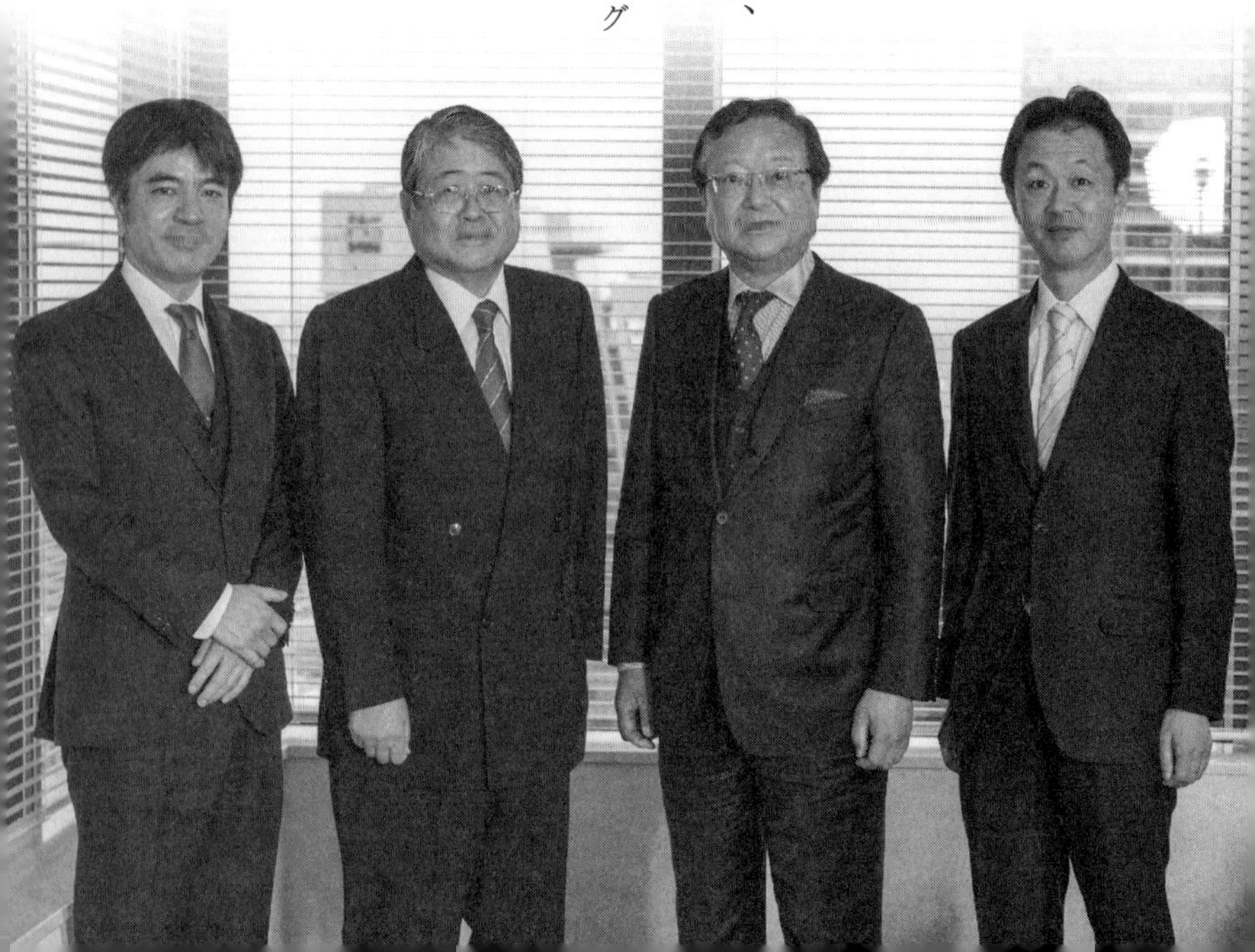

日本とアメリカにおけるM&Aの歴史

三宅：本日はお忙しいなかお集まりいただき、まことにありがとうございます。

まだまだ成熟の域にはほど遠いと言いながらも、日本でもM&Aが活性化し、仲介業者をはじめプレーヤーも増えてきました。これからも、さらにM&Aの重要性が増していくと考えられます。

そのなかで、M&A先進国アメリカと日本のM&Aの歴史を正確に知っている人が、果たしてどれだけいるでしょうか。日本のM&Aの現状を正確に捉え、大局的な見地から日本のM&Aの発展を心から願っている人がどれだけいるでしょうか。

そうした問題意識のもと、最前線で陣頭指揮を執られているM&Aブティックの経営者の皆さまと「日本のM&Aの現状と未来」について議論を重ねたいと思い、今回の座談会を企画させていただきました。忌憚《きたん》のないご意見をいただき、活発な議論をたたかわせていただきますよう、よろしくお願いいたします。

4人のなかでM&A業界でのご経験が最も豊富な渡辺さんからお願いできますでしょうか。

渡辺：日本企業がM&Aと出合ったのは、おそらく1980年代だったと思います。もう少し正確に言うと、我々のようなM&Aアドバイザーが手数料をいただけるようになったのが1980年代からでした。それ以前から日本にもM&Aはありましたが、手数料が発生するビジネスはなかったのではないでしょうか。

それ以前の日本のM&Aの歴史は、正直に言えば印象が良くありません。高度成長期のはじめごろ、日本で最初にM&Aがメディアで取り上げられたのは、白木屋事件に登場した「乗っ取り」という言葉でした。

渡辺：この一件以来、日本人にはM&Aの印象が「乗っ取り」「仕手株」などの言葉とともに極めて悪くなっていきました。

しかも、当時の日本企業は高度成長の波に乗っていて、ものづくりを中心に成長していました。ものづくりは大企業を核とする「企業城下町」のようなものを中心に発展し、それがまとまって「日本株式会社化」が進んで高度経済成長を支えていました。その流れのなかで、中小企業同士がM&Aをするというニーズが、必ずしもなかったのではないかという気がするのです。

大企業に関しては、新日本製鉄（富士製鉄と八幡製鉄が合併）、石川島播磨重工業（石川島重工と播磨造船所が合併）、日産自動車（日産とプリンス自動車が合併）、日商岩井（日商と岩井産業が合併）など、大企業同士が合併して大きくなるケースもなかったわけではありません。しかし、それはむしろ例外で「乗っ取り」と揶揄されるのを恐れ、再編が進まなかったのが実際のところです。

同じ時期、アメリカでは合併によって企業規模を大きくし、価格を支配していくような企業行動が顕著にみられるようになりました。規模の経済で成長していく過程で人材の削減を進めながらコストをカットし、利益を拡大し株主価値を高めていく。こうした経済構造のなかでは、アメリカの中小企業もM＆Aに踏み切らなければ生き残れません。

私がアメリカに渡ったのはそうした時代の真っ只中、1982年のことでした。アメリカの大手会計事務所の現地採用です。

ただ、実務経験の浅い私が、大手企業の監査に行かせてもらえるはずはありません。ほとん

白木屋事件

白木屋事件は1949年、実業家の横井英樹氏が業績低迷中の百貨店「白木屋」の株式を買い増しし始めたことに端を発する。1953年には日活社長の堀久作氏との持ち株が過半数を超えたことから、白木屋に2人の役員就任を迫った。しかし白木屋の経営陣は、この要求を拒否し、最終的には東急グループ総裁の五島慶太氏が横井・堀両氏の株式を買い取り、経営権を掌握したうえで白木屋の立て直しに着手。東急百貨店日本橋店（1999年閉店）として東急グループに併合した。

どが中小企業（ミドルマーケット）のデューデリジェンス（DD）の現場でした。小さな会社の買収案件で、倉庫に行って棚卸をする。公認会計士の資格をお持ちの荒井さんならおわかりですよね（笑）。

荒井：ええ、よくわかります（笑）。

渡辺：おしゃれでスタイリッシュなM&A案件とはほど遠い。今のようにバーチャルデータルームがあるわけではないので、現場に行って帳簿をひっくり返し、一つひとつ確認していく地味な作業です。最初に行った現場は、鶏卵の会社の買収にともなう養鶏場のデューデリジェンスでした。にわとりのケージをつついて死んでいないかどうか確認する。アメリカでもそんなレベルのM&Aが行われていたのです。

中村：にわとりのケージをつつくなんてやったことがない（笑）。

渡辺：アメリカでは当時から生き残っていくためには、中小企業でも躊躇なくM&Aを行い規模を拡大していくのが当たり前の世界でした。ところで荒井さん、日本で簿記の勉強をしたときに、連結決算という考え方がありましたよね。

荒井：もちろんありました。

渡辺：私は日本で懸命に勉強し、何とか公認会計士試験に受かってアメリカに渡ったのですが、アメリカでは会計事務所に就職し、働きながら資格を取るのが一般的です。私もアメリカに渡ってから初めてアメリカの会計を勉強しましたが、連結決算という概念がないことに驚きました。

荒井：ない？　それが普通なのですか。

渡辺：そうです。そもそもアメリカでは単独決算は禁止されているのです。

三宅：なるほど、そういうことですか。

渡辺：株主や取引先に出せる決算書は、連結決算だけです。歴史を調べると、アメリカは独占の歴史です。企業は強いものが弱いものを飲み込んでいくのが普通の世界。M＆Aによって子会社がどんどん増えると、連結しないと実態がわからないので、連結決算が当たり前になる。そういう歴史だったということですね。

そういうアメリカのM＆Aの世界と、日本のM＆Aの成り立ちを歴史的に見ると、なぜ日本企業のM＆Aとアメリカ企業のM＆Aが違うかがだんだんわかってきますね。

荒井：結局、その結果がアメリカ企業と日本企業の資本効率の違いになっているということですね。アメリカ企業は、規模が大きいほど資本効率が高い。全体でパワーゲームをやっているから、強いものがますます強くなっていく。

渡辺：そういうことだと思います。

日本企業が本格的にM＆Aを手がけ始めたのは、海外からです。それは日本国内にM＆Aの市場がなかったからです。

日本で最初に出版されたM＆Aの本は、おそらく1987年に刊行された『企業買収戦略』（ダイヤモンド社）だと思います。著者は私の先輩である竹中征夫さん。この本によると、白木屋事件で乗っ取りというワードに非常にネガティブになったあと、それでも日本の経営者は

M&Aをうまく使っています。代表格は松下幸之助さんでしょう。

松下電器は、M&Aで成長した会社と言っても過言ではありません。ただ、インベストメントバンクや仲介アドバイザーはほとんど使っていないと思います。

私が知っている限り、松下幸之助さんに最も多くの案件を紹介したのは日本興業銀行の中山素平さんだったと思います。

当時から、中山素平さんに代表されるように銀行が仲介をして、お客さまのためにM&A案件を紹介していましたが、そのほとんどが救済型のM&Aです。中山素平さんらは松下電子工業、松下精工、日本ビクターなど、体力の弱った会社を経営力のある松下幸之助さんに紹介し、立て直してきました。パナソニックはM&Aが上手ではないと言われていますが、それは間違いで、もともと非常にM&Aが得意だったのです。

それでも、日本では良い会社が売りに出ることはなかったし、黒字の会社が売りに出ることもありませんでした。黒字の会社を敵対的に買収するマーケットもなく、株主から圧力をかけられることもなかった。結局、銀行がつぶれそうな会社を健全な会社に紹介する形だけが、唯一国内にあったM&Aのマーケットです。

その間、日本企業は日本でモノをつくってアメリカやヨーロッパなど海外に輸出していく輸出型エコノミーを志向し、貿易黒字を積み上げていきます。1980年代に入って貿易摩擦が激化し徐々に日本企業に対するプレッシャーが強まります。

それはプラザ合意（1985年）による円高につながり、日本でものづくりをして海外に輸出をして儲けるというビジネスモデルは、為替政策によって無理やり転換を迫られます。その結果、日本企業は現地生産に踏み切らざるを得ず、1980年代後半にかけて海外でM&Aをしていきます。

ところで、私の先輩である竹中征夫さんは、アメリカの大学を卒業した日本人です。ロサンゼルスで世界四大会計事務所のKPMGに就職し、1980年代の初頭、まだM&Aという言葉がほとんど知られていなかった時代に、日本で最初のM&Aセミナーを開催しています。そのとき、竹中さんはミネベアの高橋高見さんと出会っています。

渡辺：ミネベアという会社は、日本におけるM&Aの歴史のなかで絶対に忘れてはならない存在です。高橋高見さんも最後に敵対的買収を手がけたので悪い印象が残っていますが、高橋さんが日本のM&Aマーケットを拡大させた事実は無視できません。

高橋さんは海外でM&Aを積極的に行い、それを竹中さんがサポートしてKPMGは他社に先がけてM&Aの実務を数多くこなします。先ほどお話しした、私がデューデリジェンスのために現場に駆り出されたというのは、ここにつながってきます。

竹中さんの本は、日本企業がアメリカでM&Aを始めたころの中身を、1987年の時点で実名で書いてしまっています。公認会計士が実名を暴露するのは守秘義務違反に当たりますから、かなり「ヤバイ」本です。でも、今読むと相当面白い。

荒井：そもそも、タイトルからして「M&A」ではなく「買収」ですものね。そのころはすでにM&Aという言葉は一般化していたと思いますが、それでも「M&A」というタイトルをチョイスしないところに、M&Aの未成熟な側面が出ていますね。

渡辺：そうなのです。

ミネベアと高橋高見氏

高橋高見氏が1959年に父親が経営する日本ミネチュアベアリング（ミネベア、現在のミネベアミツミ）に移籍した時点で、ミネベアの売り上げは約4000万円しかなかった。それから30年。極小ベアリングでは世界市場の70%を占める、売り上げ2200億円の優良企業に育て上げる。この急成長をもたらしたのは、高橋高見氏が18年間で行った国内14社、海外11社におよぶM&Aである。

本業以外でも、東京計器、蛇の目ミシン、三協精機など、当時の日本の企業文化では到底受け入れられなかった敵対的買収を仕掛け、場合によってはTOB（株式公開買い付け）も辞さない姿勢でM&Aに臨んだ。

荒井：本のあとがきに「円高だからといって、バーゲンセールでモノを買うように会社を買ってはいけない」というようなことが書いてあります。そういう時代背景だったのでしょうね。

渡辺：本のなかにはいろいろな会社の名前が紹介されています。最初に出てくるのは豊島製鋼という会社です。それからホソカワミクロン。豊臣工業。丸八真綿。このような中堅企業が80年代からアメリカでM&Aに取り組んでいたというのは皆さんピンとこないでしょう。

渡辺：つまり、1980年代にアメリカに進出した数多くの日本企業のなかで、本当に真面目にM&Aをやっていたのは、ミネベアさんをはじめ竹中さんの本に挙げられているような中堅企業、中小企業でした。あえて言いますが、日立さんや東芝さんのようなエスタブリッシュされた会社ではなかった。そう考えると、ビジネスの活力の源泉は中堅企業、中小企業にあると改めて思います。

当時、現地でお手伝いしてきた会社で今でもお付き合いがあるのは、そういった中堅企業、中小企業の人たちです。大企業のサラリーマンの人たちは、短期間の駐在員として肩で風を切って歩いていましたが、深い付き合いはできなかったですね。

もちろん、大日本インキ、ブリヂストンなど、世界一を目指している企業が本業で取り組んだM&Aはほとんど成功しています。しかし、バブル時代の金余りで三菱地所がロックフェラーセンターを買収したり、今は成功したとはいえソニーもコロンビア・ピクチャーズ・エンターテインメントを買収したり、松下電器もMCAを買収して多角化に乗り出したり、いわゆる財テク的なノリでやったM&Aはみんな失敗するか相当な苦労をしています。そのイメージのおかげで「M&Aは失敗する」「リスクが高い」という誤った印象が日本企業に再び刷り込まれてしまったところがありますね。

話は脱線しますが、1991年に私が初めて出した『企業買収実務ハンドブック』(日経BP)は、日本のM&Aにおける実務本では初めてのものだと思います。これを書いた動機はこんなことです。

野村證券が野村企業情報を立ち上げ、ワッサースタイン・ペレラという独立系の会社に出資

海外で積極的にM&Aを仕掛けた企業

豊島製鋼は自動車補修用板バネを中心とした自動車部品製造業で、現在はイチネン(東証一部上場)のグループ会社4社を吸収合併し、イチネンMTMと社名を変更している。ホソカワミクロンは粉砕機製造業として世界トップクラスの技術力を持ち、暖房器具メーカーの豊臣工業は、トヨストーブで有名なトヨトミに社名を変更している。丸八真綿は寝具メーカーとして著名な企業である。

をしました。それとほぼ同じ時期に、日興證券もブラックストーンに出資します。ブラックストーンは今では世界最大のＰＥファンドとして有名ですが、ブリヂストン・ファイアストンの案件のアドバイスを担ったことで最初はアドバイザーとしてスタートしました。一方のワッサースタイン・ペレラは、投資銀行ファースト・ボストンからスピンオフして初めて独立系の会社をつくりました。野村證券は、野村證券という枠から出てＭ＆Ａアドバイザーというビジネスを確立しようとした。そこで後藤光男さんを社長にしてブティックに投資をしたのだと思います。

当時、アメリカの投資銀行で働く日本人はほとんどいませんでした。日本の銀行や証券会社も１９８０年代の後半からアメリカに進出してＭ＆Ａビジネスを始めましたが、日本人で実務をやっている人は誰もいません。彼らの下請け仕事をしたのが私です。

私は１９８０年代からずっとデューデリやバリュエーションをやっていたので、途方もない数を経験しています。野村企業情報も日興ブラックストーンも、私が下請けをずっとやっていました。そのときのノウハウをまとめたのがこの本です。この本が出てから日本の金融機関の人たちが読んでくれて、Ｍ＆Ａ実務がかなり浸透したのは手前味噌ながら社会に貢献できたと思っています。

私はアメリカで経験したＭ＆Ａしか知らなかったので、Ｍ＆Ａとはこういう世界だという凝り固まった先入観がありました。だから、日本に帰ってきて日本のビジネススタイルを見て驚き、こういう世界があるのかと思った記憶があります。

日本に根強い「買われる」という被害者意識

渡辺：日本では「乗っ取り屋」が企業を敵対的買収し、「買われた」会社はみんな不幸になるという概念がいまだにあります。それを変えつつあるのは三宅さんの功績。立派な部屋で契約書にサインするセレモニーを行い、会社を売った立場の人たちがチャンピオンになる世界をつくられた。

今、私が使ったように、日本では常に「買われる」という言葉が出てきますが、そこには被害者意識が込められています。アメリカでも「買収される」ことを意味するacquiredという言葉を使いますが、acquiredに被害者意識的なニュアンスはありません。

それは結局、日本の労働環境にもつながってくると思います。日本は転職に消極的なマーケットです。M&Aを「集団転職」だとすると、なかなか馴染めないことがよく表れているのでしょう。

M&Aで買う立場の人たちも、買われる人たちのことを理解し、その意を引き継いでしっかりと経営するという意味のPMI（Post Merger Integration＝M&A成立後の統合プロセス）ができていない企業が多いことが影響しているのかもしれません。

アメリカでは、M&Aの対象企業になることに悪い印象はありません。会社を売ると必ず周囲から祝福されます。売却した資金で寄付活動をして、地元の名士になっていく。場合によってはメジャーリーグの球団を買う人もいます。そんなエコシステムが出来上がっているのです。M&Aが行われると、二つの会社が一つになるので、CEO、CFOなど同じ役職が重複してしまいます。一つの会社に2人のCEOはいらないので、必ずどちらかが出て行かなければなりません。

日本人は、これをネガティブに捉えてしまいます。職が失われたという言い方をするのです。でも、アメリカ人は辞めた人のほうがハッピーです。ジョブマーケットも、M&Aで出てきた人は無能ではないと見てくれるからです。

たとえばデータアナリストのような人材がマーケットに出てくると、その人を雇うベンチャー企業が活性化します。さまざまなバックグラウンドを持った人、さまざまな経験を積んだ人が集まれば、そこで化学反応が起きるから、社会に新しい芽が生まれる。だから人が会社をかわることは悪いことではないと考えるのです。

合併して巨大化していく企業は、日本人から見ると勝ち組に見えるかもしれません。しかし、たとえばサンフランシスコのベイエリアから見ると、むしろそういう企業はあまり格好がよくない。独占企業に残るより、どんどん外に出て新しいことをする人たちのほうが評価される社会だと、経済が活性化する。そのきっかけがM&Aです。だから、まだまだ「乗っ取り」「買われた」「身売り」というネガティブなイメージで語られる日本のM&Aを、我々でぜひ変えていきましょう。

三宅：たしかに、日本企業は高度成長期にオーガニックに成長できたからM&Aというレバレッジを効かせる必要がなかった。パナソニック、ソニー、日立、東芝などを中心に「ケイレツ」という強固な企業集団が形成されたため、M&Aの必要がなかったというのは、私も実感としてありますね。

決算方法についても、アメリカのようにどんどん買収して訳がわからなくなっているわけではないので連結決算の重要性はあまり高くなかったかもしれませんね。この歴史観はすごく面白いですね。

渡辺：今後皆さんはますます事業継承のM&Aに携わると思いますが、日本の中小企業のオーナーすなわち売る側としては心理的にまだ相当な抵抗があるのではないですか。

中村：それはありますね。ただ、2006年10月に日本M&Aセンターさんが上場し、三宅社長が一貫して事業承継の選択肢としてM&Aを普及されてきたので、オーナーの受け止め方もだいぶ変わってきた印象があります。会社を売ってしまうのが後ろめたいという意識は以前よりも少なくなり、会社と雇用を残すことがオーナーとして、社長としての役割だという認識がかなり浸透してきていると思います。

後ろめたさというか、面白おかしく言われたくない、変に勘違いされたら困るという感覚はまだあるようですが、自分が判断しないで放置してしまうことで結果的に会社に迷惑をかけてしまうのはまずいという感覚のほうが優位になってきているようです。

三宅：M&Aに対する感覚が、アメリカがポジティブ100だとしたら、かつての日本はネガティブ500ぐらいだったかもしれませんね。でも今は、ようやくポジティブ20～30の企業もあれば、ネガティブ40～50ぐらいの企業もあるという状態にまで上がってきたと言えるのではないでしょうか。

中村：弊社がお手伝いした会社のオーナーが『なぜ、おばちゃん社長は価値ゼロの会社を１００億円で売却できたのか』（平美都江著・ダイヤモンド社）を出版されています。また最近読み始めた本に『無名の男がたった7年で２７０億円手に入れた物語』（竹之内教博著・扶桑社）というものがあります。

荒井：リラクゼーションサロン「りらくる」を経営していた人ですね。

中村：弊社がお手伝いした会社はベアリングの会社ですが、大変苦労された女性社長がどのように会社の価値を高めて１００億円で売却できたかが書いてあり、すごく面白い。りらくるの経営者だった人を含め、M＆Aによって会社を売却し、ハッピーに事業承継した人がチャンピオンになる。そういう経営者が増えてきているのは、M＆Aに関する明るい側面として歓迎したいと思いますね。

仲介とＦＡはどちらがいいのか

荒井：日本のＭ＆Ａの草創期を支えられたレコフさんは、ダイエーと二人三脚で始められたと聞いています。つまり、日本のＭ＆Ａは流通業から始まったと耳にしたことがあるのですが、中村さんご存じですか。

中村：あるご縁からレコフの吉田允昭代表と定期的にお酒を飲むようになって、そこでご家族に後継者がいらっしゃらないことをお聞きしました。私にとっては以前から憧れの企業だったので、ぜひお引き受けしたいとお願いし、２０１６年10月に歴史ある企業とご一緒させていただきました。

ここからは吉田代表にお聞きした話です。ダイエーが全国のスーパーを買収していったとき、多くをレコフが仲介していました。北海道と東北を拠点とするスーパーのアークスグループが拡大していく過程のＭ＆Ａも、多くがレコフです。有名なところでは三菱商事とローソン、イオンとマルナカ、三井不動産と帝国ホテルなど、本当に素晴らしい案件を手がけています。

吉田代表の話で特に面白かったのは、レーマンテーブル（Ｍ＆Ａにおける成功報酬の体系。取引金額が増えるにつれて報酬料率が逓減する仕組み）です。吉田代表が日本でM&Aを始めた当初は、M&Aの手数料を請求する事例がなかったため、吉田代表が自分で考えたと言っていました。銀行や証券会社は本業のサービスの一環だったため、手数料を請求する慣習がありません。日本に参考にできるものがなかったので、アメリカの体系を参考に為替を見ながら鉛筆を舐めて決めたらしいです。当時もM&Aという言葉はなかったとおっしゃっていました。

荒井：言われてみると、昔の証券会社の手数料は売買高が低いところは料率が高く、売買高が膨らむごとにだんだん低くなっていくものでしたね。

中村：吉田代表の時代は、とにかくM&Aの案件が少なかったそうです。毎日やっていたのは、新聞をみんなで読み合い、M&Aに積極的な企業ということがわかれば、片っ端からその企業を訪問して売り込むこと。世の中の買収ニーズは本当に少なかったので、経営陣に「この会社はこういうことを考えているので、こういう形で経営統合したらどうですか」と提案して回ったといいます。

事業承継の場合は、ある程度規模の大きい会社が株を譲り受けてグループ化するという流れですが、吉田代表は両社の合併比率を経営陣に提案するような逸話が多いですね。レコフの仕事の仕方は、私たちのディールの詰め方や考え方とだいぶ違っていて、経営陣同士を説得する形が中心です。私たちはあくまでもオーナーと会社、ファミリーと会社の関係を考えますが、レコフが考えるのは企業対企業です。そのほうが肌に合っていたようですね。

三宅：我々が創業した1991年ごろも、買い手企業がすごく少なかったですね。日本の上場企業や名門企業に電話をかけて「買収を検討しませんか」と提案すると、先方からこんな言葉で叱られました。「失礼なことを言うな。我々がそんな下品なことをすると思っているのか」

でも、今、その叱られた企業に行くと、

三宅　卓
（株）日本M&Aセンターホールディングス代表取締役社長　〈モデレーター〉

違う言葉で叱られるのです。

「こんないい案件があるのであれば、何でもっと早く声をかけてくれなかったのか」

それだけ、買い手の姿勢が変わったということです。

最初はやはり吉田さん流で、新聞をみんなで読んで「どういう業界だったら買い意欲があるか」「どういう業界だったら提案しに行っても歓迎されるか」を調べました。吉田さんは、独立系のM&A会社の創始者であり、IB（インベストメントバンキング）系の「野村企業情報の後藤さん」、独立系ブティックの「レコフの吉田さん」が日本のM&A業界に与えた影響は大きいですね。我々は、レコフの仕事の仕方を真似して、「日経新聞の読み合わせリサーチ」を毎週やっていました。

今でこそ全業種でM&Aは盛んですけど、当時は必死にニーズを探す時代でしたね。

渡辺：当時は「自前主義」が強かったと思います。小売りはともかく、メーカーは特に金で事業を買うのは下品だという考え方が強かった。さらに、企業に研究開発部門があると、その現場の力が強いのです。

海外でも、1980年代まではメーカーが同業他社を買収するケースは少なかったと思います。先ほど挙げたブリヂストンや大日本インキなど、ごくわずかです。

私たちがデューデリジェンスを担当したいくつかの企業も、本当にいい会社でいいM＆Aの条件なのに、成立しないことがよくありました。その原因は「現場ブロック」「技術者ブロック」と私が呼んでいた現場の抵抗です。つまり「こんなオンボロ会社を買ってどうする」というひと言に込められた、現場のプライドや危機感です。

ベンチャー投資に対しても同じです。

「この程度のことは自分たちでできます」

「社長、こんなの買う必要ありません」

「だったら僕たちがやるのでR＆D予算を増やしてください」

そういう抵抗が強く、自前主義が強かったのは、三宅さんがおっしゃったように日本が高度成長で、M＆Aなどしなくても成長できたからです。大学を卒業してからずっとその企業にいて、みんなで仲良く協力しながらやっていく価値観がすべてで、どこの馬の骨かわからない社員のいる会社を金で買うなどけしからんと考えていたのです。

自分の会社や事業を売却することも否定する考え方が主流でした。会社や事業は商品のような売りものではないと塩をまかれたこともあります。そうおっしゃっていた経営者が、今や「相対ではダメだ。渡辺さん、オークションでできるだけ高く売っぱらってくれ」と言ってきます。時代は変わりました。

三宅：荒井さんは、今の会社を創業される前の公認会計士の時代から、M&Aをどのように見てこられたのですか。

荒井：M&Aビジネスで起業しようと思ったのは、公認会計士の仕事がきっかけです。もう25年ぐらい前の話になりますが、自分が担当していた企業のなかに、毎年1社から2社を買っている上場を目指していた企業がありました。

なかにはひどいM&Aもありました。私は公認会計士だから関係ないのですが「どうしてこんな会社を買うのだろう」と疑問が浮かぶほどでした。会長の個人的な関係で「昔ちょっと面倒を見ていたから買ってやれ」「困っているのだから助けてやれ」といった、いわゆるオーナーの気まぐれで買う必要のない企業を買ってしまう。それでも、その会社はM&Aをきっかけに大きく発展を遂げました。

学問的なM&Aはそれまでも勉強していましたが、その企業が手がけたM&Aを見て、実際に見るM&Aの違いを痛感しました。現在は経済全体が低成長になっていて、産業の好不調と企業の好不調が必ずしもリンクするものではありません。M&Aに積極的になってきた企業が増えているのも、低成長という時代背景もある気はします。M&Aを成長戦略に据えていかなければ企業は成長しないという認識を持つ企業が増えてきたのは、肌で感じています。

渡辺：荒井さんは流通業の再編もやられていましたよね。

荒井：はい、うちはスーパーですね。店舗数の少ないところもやりました。

渡辺：先ほど、日本のM＆Aは流通業から始まったという話題がありましたが、私もずいぶん前に吉田さんとお話ししたときに、規模の経済についておっしゃっていました。

中村：ダイエーの中内功さんから全面的に信頼されて、大型のディールを依頼されていたと思います。というのも、ダイエーとしては周辺の中小小売業者（商店街）の事業活動の機会を適正に保護する「大規模小売店舗法」の関係で、自前でつくるのではなく既存の店舗をM＆Aで買うしか出店ができなかった事情があり、レコフが重宝された背景があります。そこからダイエー以外のスーパーの再編も手がけるようになっていきます。スーパーは規模の経済が効きやすいですからね。

渡辺：竹中征夫さんがミネベアというクライアントに雇われM＆Aをフィーをもらうビジネスとして確立したように、日本では吉田さんが中内さんという立派な経営者に信頼されることで第一人者になっていった。中内さんもM＆Aが上手な人でしたよね。

三宅：すごく上手でした。

渡辺：ダイエーはローソンのM＆Aにも絡んでいますよね。いずれにしても、中内さんはM＆Aが上手だったのでしょうね。

渡辺：吉田さんはダイエーの案件を手がけるなかで、仲介業者としての立ち回り方、フィーの

ローソンのM&A

ローソンは1975年、ダイエーの100％子会社として設立され、大阪府豊中市に第1号店がオープンした。それから13年、1988年に総店舗数4000店を達成する。一方、1976年設立、1980年にダイエー傘下に入っていたコンビニエンスストアのサンチェーンは、12年後の1988年に総店舗数1000店を達成する。ローソンとサンチェーン合算で5000店を超えた1989年に両社は合併し、ダイエーコンビニエンスシステムズと商号を変更しローソンブランドに統一した。以降は2000年から業務提携を結んだ三菱商事との関係を深め、2017年2月から三菱商事の連結子会社となった。

取り方を確立させていったと私は理解していますが、背景にはどういうことがあったのでしょうか。

中村：私も詳しくはわかりませんが、吉田代表は完全に仲介がスタンダードだと思って仕事をされていました。片側ＦＡに対しては「そんなものはうまくいくはずがない」という否定的な考え方だったと思います。レコフは歴史が長い分、はじめは仲介で取り組んでいて、片側ＦＡという仕事が増えてきたときに、仲介対片側ＦＡという考え方を整理したのではないかと思います。どちらが良いか悪いか、どちらがメリットがあるかデメリットがあるか。それをずっと考えてきた歴史を感じますね。

渡辺：一つの仮説をお話ししますので、皆さんのご意見をお聞かせください。

日本国内のＭ＆Ａは、流通業の再編から始まっている。その流通業の再編におけるストロングバイヤーがダイエーだったと思っています。でも、ダイエーが買収を仕掛ける相手企業がＦＡを使う発想は持たないですよね。その当時、相談するとしたら銀行かもしれませんが、銀行はＭ＆Ａでフィービジネスをする発想はまったくなかった。つまり、まずは相手にＦＡが付かなかったことが原因の一つなのではないかと思います。

また、当時はダイエーのような小売業の成長戦略の中心は土地だったと思います。地価が右肩上がりに上昇するなかで、融資がなかば「青天井」に認められたため、M&Aに積極的に取り組めたのでしょう。相手企業が持っている土地をレバレッジすることで、さらに拡大できる土地本位制に最初に目を付けたのが中内さんのすごいところです。

それに関連して、最近、日本を代表する不動産会社のトップの方から日本では不動産売買について宅建業法で仲介を認め、仲介業者は買い手と売り手双方からフィーをもらえるという、世界でも数少ない国だと聞きました。流通業では土地本位制が買収のベースにあり、ターゲッ

渡辺章博
GCA（株）創業者

トのオーナーさんも宅建業法の規定にのっとってフィーをレコフに払うことに抵抗感がなかったのではないかというのが私の仮説です。

中村：なるほど、そうなのかもしれないですね。私も当時の経緯はわかりませんが、もともとレコフは仲介の会社で、早い時期に海外との間で人材系のM&Aを成立させたりもしています。海外には仲介の発想がほとんどないので、その企業から「仲介とはどういうことなんだ」と問い質されたそうですが、最終的にはその企業の会長が「日本の仲介業者は素晴らしい」「仲介は日本の心に合っている」とおっしゃったので、吉田代表も自信を深めたのではないでしょうか。

吉田代表は、M&Aは仲介でなければうまく進まないという考え方の持ち主だと思います。それは今も変わっていないのではないでしょうか。

私は事業承継からスタートしているので、事業承継の現場から見ると片側FAは難しいと思います。事業承継の場合、トータルで100回を超えるぐらい売り手と買い手双方の調整をしながらクロージングにもっていきます。土壇場でどちらもいろいろな主張をしてくるので、両方の代弁をするというより調整をする色合いが強い。

「当初からこういう話でここまで来ていますよね。今、その話を変えてしまうと、この話は壊れてしまいますよ。社長は本当に話を壊してまでそれを言いたいのですか？」

事業承継に臨むオーナーは、すべてを合理的、論理的に考えているわけではありませんし、事業を譲渡する寂しさから感情的になるケースもあります。一方、買い手が大企業の場合、担当者は組織のトップではありません。その場合、上司から言われたからといって今まで出てきていなかった話を突然持ち出すケースもあります。

それを聞いたオーナーから「おまえはどっちの味方だ」「そんなこと今さら言ってくる会社など信用できない」などと言われる場面もありますが、感情的になるのを抑えないと、信頼関係が完全に壊れてしまいます。売り手と買い手の双方とフェース・トゥー・フェースで直談判したり、直接電話で話したりするなど、遠慮なくものが言える信頼関係のなかでつないでいかないと、事業承継型のM＆Aはまとまりにくいですね。

これまで私は仲介でしか仕事をしたことがないので、片側FAで事業承継をどうやってまとめているのか不思議に思います。現状では、事業承継を担っているのは仲介会社だと思います。手数料両取りという批判があるのは知っていますが、では仲介を禁止したときに誰が事業承継を担えるのだろうかと考えると、現状では見当たらないというのが私の考えです。

銀行や証券会社などの金融機関は、規模の大きいM＆Aの支援を目指しているので、現場に担当者を張りつけて株価ベースで数億円にしかならない取引をエグゼキューションを含めて一生懸命やろうという姿勢は弱いと思います。今は、金融機関は顧客に対して間口が広いので事業承継の入口を担い、実際の手続きは仲介会社に任せるという形で連携するのがうまく回る仕組みになっていると思います。

繰り返しますが、事業承継にからむM＆Aは何十回、何百回も面談をしながら調整をしていくので、片側FA同士でうまくまとめられるとは思えません。手数料を考えると、片側FAで事業承継を仕上げている会社はほとんどないと思います。仲介会社であれば株価数億円規模の取引は喜んで引き受けますが、片側FAでその規模を引き受ける会社は、日本では皆無ではないでしょうか。

三宅：渡辺さんのおっしゃったように日本におけるM＆Aの発祥が流通業だとすると、店舗を居抜きで買う不動産取引に似た発想だから、仲介でも違和感がないというのはまさにそのとおりでしょうね。

もう一つは、吉田代表が「フィクサー」的な役割を果たされたことが大きく影響していると思います。小売業に関するマーケットをすべて熟知していて、どの企業とどの企業が合併すればうまくいくのかがわかっているから「俺に任せろ」と言える。両方に対して「俺に任せろ」と言えるので、そういう面でも仲介がベストだったのでしょう。

我々がこの業界に入った1991年ごろは、中堅・中小企業のM&Aはレコフさんがつくった仲介が常識になっていました。レーマン方式というフィーの取り方も、常識とは言わないまでも普通になっていたので、我々もそれを採用しました。とはいえ片側FAの要望もありましたが、中小企業・中堅企業のM&Aにおいては代弁者というより調整機能がすごく大事になるので、発想が違うとしか言いようがありませんよね。

買い手企業は事業シナジーや財務デューデリの内容で判断します。でも、売り手企業はむしろ「娘の結婚式までは代表でいたい」「ロータリークラブの会長の間は代表を続けさせてほしい」などという個人的な都合で頭がいっぱいになる。発想というより、もはや次元が違うと言ったほうがいいのかもしれません。

そもそも買い手も売り手も上場企業であれば、事業シナジーや財務デューデリの結果だけで判断する闘いになります。両者は同じ次元で地上戦を展開するので、うまく歯車が嚙み合います。ところが、中小企業のオーナーとの闘いは異次元の世界で行われる空中戦のようなもの。どうやっても嚙み合わないので翻訳者や調整者が必要になるのです。だからこそ、仲介がうまくいくのですね。手数料両取りという話もありましたが、実質両方の仕事をきちんとやっているのが実感ですね。

日本の中小企業は財務会計の文化がなく、ほぼ100%税務会計ですし、減価償却なども銀行用に決算書の見栄えをよくするために、一部行っていない企業もあります。

当然、オーナー企業ですからガバナンスも不完全で、議事録や株主名簿も不完全。

これを、大企業が検討できるところまでプレデューデリして財務や概要書を整えなければならない。

また、買い手も初めてM&Aを行う企業が多く、手順、エグゼキューション、PMIと指導していかなければうまくいかない。

それに加えて、異次元の調整が必須で、事業シナジーや株価などはもちろんのこと、感情面、プライド面、地元での立場等の調整、引き継ぎに関する調整など、

中村　悟
M&Aキャピタルパートナーズ（株）代表取締役社長

数限りない調整が必要ですね。

中村：商談の途中で何回かは「これはおそらくオーナーが話を壊そうとしているな」と感じる場面があります。オーナーも自分の人生を捧げた事業を手離すのは寂しく、本当に売却していいのか迷っています。だからこそ「この条件を飲んでくれないのは、うちの会社を欲しくないということなのではないか」と疑心暗鬼になる。

もちろん、その内容がそれまで出ていた話と変わっていないのであれば、本気度を試す意味で問題はありませんが、180度変えてしまうと、破れかぶれで案件が壊れてもいいという気持ちの表れということはよくあります。

あるケースでは、土壇場にきて3時間くらい怒鳴りつづけたオーナーがいました。

「そもそもこのM&Aの進め方が気に食わない」

「金融の常識を世間の常識だと思いやがって」

「今日中に返事をしてくれるようにお願いしたのに、夜中の11時に送ってくるとは何事だ。今日中と言えば午後5時だろう」

とにかくものすごい剣幕で、私にもその矛先が向けられます。

「中村さんならわかるでしょう、俺の気持ち」

そのオーナーの気持ちとは、自分の銅像をつくれという話です。ほかにも「創業記念日には必ず俺を呼べ」「株式を○%持たせろ」「その二つを最終契約に入れろ」など、とにかく創業家に対する尊敬を契約書に書き込んでほしいと譲りません。

しかし、買い手はファンドなので、そうした「浪花節」は通用しません。オーナーはほかにもさまざまな条件を突きつけますが、私から見てもいくつかの条件は難しいと感じましたし、突然言い出したようにしか思えませんでした。

そのオーナーは強面で、社員を蹴り飛ばして仕事をさせるような方です。

「中村さん、どう思う?」

迫力満点で迫られましたが、やはり言うべきことは言わないと話が進みません。

「もちろん、言えと言われれば言いますけど、おそらく相手は飲めないでしょうね。それどころか、この話は壊れると思います」

その程度で折れるような社長ではありません。さらに説得します。

「そもそも事業承継のためにこの取引の検討を始めて、ようやく監査までこぎつけたのではないですか。それなのに、これまでまったく出ていなかった話を持ち出して、『なぜ飲めないのか』『そっちがおかしい』と言うのは、社長のほうが常識から外れていますよ」

その言葉に対して、また1時間ほど説教を受けました。そのうえで「中村さん、どう思う？」と聞かれる。堂々巡りです。いいかげん埒が明かないと思い、やむを得ないと割り切ります。

「わかりました。社長がそこまでおっしゃるなら相手にぶつけましょう。でも、これを言えば相手は『そう言われるなら、ちょっと難しいですね』と言ってきて、本件は壊れると思います。社長の人生ですから、言えと言えば言いますよ」

そのまま先方を辞去して30分後、その社長から電話がかかってきます。

「中村さん、今どこだ」

「今、相手先に向かっていますけど」

「ちょっと戻ってこい」

また社長の会社に出向くと、また同じやり取りが始まります。

「中村さん、言ったらどうなると思う？」

「壊れると思うと言っているじゃないですか」

しばらく考え、社長が重い口を開きます。

「わかった。じゃあ、あきらめる」

このように、相手を止めなければならない瞬間があるのです。ファンドでも、理不尽な物言いを止めなければならない場面がないわけではありません。ですから、基本合意したあとは、よほどのことがない限り条件を変えない決意で両社に臨まないと、まとまるものもまとまりません。

このようなやり取りを片側ＦＡに言っても、おそらくうまくいきません。自分のアドバイザーに言っても、相手方に同じ温度で伝えてはくれないでしょう。買い手と売り手に直接言える仲介だからこそ、わかり合えるのではないでしょうか。

渡辺：私は、皆さんの言っている仲介は「Ｍ＆Ａアドバイザー」だと思います。片側ＦＡのほうを「ファイナンシャルアドバイザー（ＦＡ）」と呼んだほうがわかりやすい。

つまり、金融機関の人たちはＦＡしかできません。Ｍ＆Ａアドバイザーはできない。やる必要もないし、やらなくても会社がつぶれるわけではないですから。私たちはＭ＆Ａが成り立たなければ商売にならないし、Ｍ＆Ａは社会のためになると思って使命感を持ってまとめています。それは片側ＦＡだろうと仲介だろうと同じだと思えるのです。片側ＦＡでも私たちが売り手を説得するときや、尻込みする買い手の背中を押すときは、人間同士のぶつかり合いという意味で基本的に変わらないはずです。

だから最近、私は言葉を使いわけています。仲介の人にはＭ＆Ａアドバイザーしかいません。ＦＡはいない。必要ないです。一方、金融の世界はＦＡが９割で、１割だけＭ＆Ａアドバイザーがいますね。

三宅：なるほど。それは一つの考え方ですね。

確かに、渡辺さんがおっしゃるように「ファイナンシャルアドバイザー（FA）」と「M&Aアドバイザー」という考え方が、実態を凄くよく表していると思います。

アメリカと日本のM&Aはどこが違うのか

渡辺：べつに金融機関の悪口を言いたいわけではありません。そもそも真のFAが日本で育たないところに問題があると感じています。

アメリカはM&Aの成り立ちからして独占、規模の経済を狙ったものだということ。訴訟社会であること。株主の力が強いこと。この三つのファクターがあるために、FAの役割が非常に重要です。

アメリカでは、M&Aは価格がすべてです。なぜなら、規模の利益すなわちコストシナジー狙いのM&Aは買う側が必ず儲かるからです。

売り上げが100億円、コストが80億円で利益が20億円の企業があったとします。80億円のコストのうち、間接費が30億円程度あるとしましょう。その企業をM&Aで買えば重複する30億円はカットできるので、実質コストは50億円になります。つまり売り上げ100億円、コスト50億円、利益50億円の企業を買ったのと同じです。だから、独占企業は規模の経済が効いて買う側のメリットは莫大なのです。

そうした前提の世界では、売り手はそれがわかっているので少しでも高く売ろうとする。買い手は逆に少しでも安く買おうとする、株主の権利が強いアメリカではこの買収価格の交渉がとても重要になります。買収価格は算定で決まるものではなく交渉で合意される。

つまり、密室の談合ではなくきちんとした交渉プロセスのあるM&Aを実行しないと、株主から訴訟を起こされる可能性があるのです。アメリカでは、オーナー系企業でも子どもや親族などファミリー株主から平気で訴訟を起こされます。ましてやベンチャーキャピタルなど外部の人からお金を出してもらっていれば、ベンチャーキャピタルに対する責任があります。

にもかかわらず、間に立った仲介業者が交渉し、価格を決めたら、それだけで訴訟を起こされてしまいます。場合によっては、仲介業者も訴訟の対象になるので、仲介という形態が日本のように一般的ではありません。

私は、かつてアメリカで仲介的な動きを何度もやってきましたし、正直に言えばそのほうがみんながハッピーになれるのは感覚的にわかります。しかし、そうは言っても訴訟社会だから、良さがわかっても成り立たないのです。

というわけで「片側FA対仲介」という報酬のとり方だけに着目したステレオタイプの議論は、本質的に違うのではないかと思っています。だからこそ、私は最近「ファイナンシャルアドバイザー対M＆Aアドバイザー」という役割の違いに着目した議論をすべきだと考えています。

三宅：なるほど。アメリカから見ればそう見えるのですね。仲介とかFAという仕事の実態やバックボーンが非常によく整理されて理解できました。

渡辺：日本のM＆Aは、価格がすべてではありません。それは、解雇が法的にも文化的にもない日本企業にはそもそもコストシナジー狙いのM＆Aがないからです。買い手にとっては、新しく入ってきた仲間にハッピーになってもらいながら、一生懸命仕事をしてもらうことが大事です。売り手にとっても、M＆A後に雇用が守られて、旧来のソサエティーのなかで評価されることが大事。そうすれば、ロータリークラブでも堂々としていられるからです。

三宅：アメリカ企業における買い手と売り手のスタンス、日本との違いがよくわかりました。では次にアメリカと日本のM&A業界の違いについて取り上げましょう。たとえば金融機関でM&Aを担うIB部門、我々のようなブティックと呼ばれる会社について、アメリカと日本の違いはどのようなところにあるのでしょうか。

渡辺：アメリカの投資銀行がM&Aに力を入れてきたのは、もともとはストロングバイヤーやファミリー企業に雇われ、価値の高いM&Aをすることでクライアントの成長を支えてきた歴史があります。そのなかで、アメリカでは買うばかりではなく売ることについても必ず代理人を立てて行う文化があるので、M&Aが非常に大きなビジネスになってきました。日本で初めて行われた製薬企業の再編を覚えていますか。

三宅：吉富製薬とミドリ十字でしたね。

渡辺：日本に帰ってきて初めての案件が吉富製薬とミドリ十字の合併だったのですが、今から考えれば、私は仲介的な役割でした。アメリカから帰国したばかりの私には仲介という概念はありませんでした。仲介をやってくれと言われましたが、どちらかに雇われなければならないので「両社で話し合って決めてください」とお願いしました。当時、ミドリ十字は血液製剤事件でエイズ禍を引き起こしていて、吉富製薬がミドリ十字を救済合併する形になったので、吉富側に立ってほしいと言われて吉富製薬のアドバイザーになりました。

しかし、先ほど中村さんがお話しになったように、私も案件が壊れないように行ったり来たり伝書バトのようなことをやっていました。そうしながら、正直なところこれでは日本のM&Aは儲からないとも感じていました。そのうちに吉富製薬ではなくむしろミドリ十字の利益を守る役割が吉富側から期待されていることに気がつきました。でも、強者が弱者を救済するM&Aでも、弱者側を対等に扱わなければいとも簡単に現場が壊れてしまうというのが、日

吉富製薬とミドリ十字
現在の武田薬品工業と三菱ケミカルの共同出資により、1940年に武田化成が設立された。武田化成が1946年に社名変更して生まれたのが吉富製薬である。一方、1950年に日本ブラッド・バンクとして設立されたミドリ十字（社名変更は1964年）は、1986年に非加熱血液製剤にヒト免疫不全ウイルス（HIV）が含まれ、輸血をした患者を後天性免疫不全症候群（AIDS）に感染させた。その公判中の1998年、吉富製薬とミドリ十字が合併した。その後社名変更や合併を繰り返し、現在は田辺三菱製薬となっている。

本の知恵だったのでしょうね。

一方、アメリカはもともと独占や規模の経済を追求するM&Aなので、最終的には買い手企業が儲かることは誰もがわかっています。そうなると、売り手は少しでも高い価格で売ろうとします。買い手側は、当初は少しでも安く買いたいという思惑を持っていたとしても、規模を大きくしていくことが最大の命題となっている以上、多少のお金を払ってでも買いたいと徐々に価格に対する姿勢が緩んできます。

買い手の経営陣は価格の妥当性を気にしますが、CEOは早く規模を大きくして市場を独占したいというエゴが出てくる。歯止めが効かず、価格の緩みに拍車がかかってしまいます。

反対に、アメリカ企業の売り手は日本の中小企業オーナーのように「ロータリークラブに残りたい」「銅像をつくってほしい」といった類の要求はありません。とにかく少しでも高い価格で売ることしか考えません。売却対象企業の人たちはほとんどがクビになるのが通例なので、従業員を大事にしてくれという発想すらない。買い手が独占の地位を築くために協力するわけですから、価格がすべてになるのが必然なのです。

荒井：シビアですね。

渡辺：したがって、FAが仲介的に携わってしまうと、売り手はその価格が本当にベスト・プライスなのか確認できないのです。買い手のCEOは、すべての条件を飲んででも買いたいから爆走する。取締役会に報告する立場にあるCFOがいくら歯止めをかけようとしても、CFOはしょせんCEOに報酬を決められている立場なので強くは言えません。

そんなところに両社の間をとりもつ仲介者が「これが私が算定した適正価格です」と言っても両社とも納得しないでしょう。買い手と売り手双方が背負っている株主から訴訟を起こされないためには、交渉すなわちネゴシエーションのプロセスが極めて大事になってきます。それぞれが代理人を立て、激しいネゴシエーションを繰り広げる。売り手は少しでも高く、買い手は少しでも安く。これを徹底的にやることで、それぞれのクライアントは株主から訴訟されるリスクを下げることができるのです。

アメリカではその昔、M&Aの買収価格を巡って訴訟が年中行事のように起こっていましたが、徐々に裁判所は適正価格の「算定」には積極的に関与しない姿勢が強くなってきた歴史があります。つまり、M&Aは一物百価で、事業の価値は買い手によってまったく変わってくるから、判断はできないとしたのです。むしろ裁判所の判断は「交渉」の有無と「プロセス」の妥当性のその関心が移ってきたのです。

そうなると、M&Aの当事者とりわけ買い手と売り手の双方は、それぞれ適切な処置を講じる必要が出てきます。FAが戦略的代替案を検討し、M&Aが最も対象企業の価値を引き出せると判断したら最も高い買収価格が出せそうな買い手に売る。場合によってはオークションも検討する。さらにFAがフェアネス・オピニオンを入手すれば、買い手の取締役会は必要な情報を十分に収集して経営判断したという経営判断のルール――ビジネス・ジャッジメント・ルール――が適用されるため、訴訟を起こされない。こうした「アメリカ型M&A談合」の世界が、ビジネス社会のプロトコルとして存在します。ということは、そこにFAの役割があり、結果として価格がすべてということになるのです。

中村：そのような流れのなかで、どうしてブティックが登場したのですか。

渡辺：ラザードやロスチャイルドなど昔からある老舗の独立系ブティックは、フルラインの投資銀行とは違う独特な位置付けでビジネスを展開してきました。

最近のブティックはそれらとは若干違います。リーマンショックの少し前ごろから、金融機関がM&Aのアドバイスをすることが利益相反にあたると言われ始めます。もともと仲介が利益相反と見られるところがあるためにFAが中心だったのですが、そのFAでもお互い一生懸命ネゴシエーションしているように見えて、結局は大きな投資銀行はM&Aによる多額の資金調達需要を取り込みたいからやっているのではないか。本当は買い手にとっては少しでも安くしなければならないのに、大きなファイナンスで儲けようと思って価格を釣り上げているのではないか。これが利益相反と見なされたのです。

売り手のFAをアメリカの商業銀行が担った時期もありましたが、すべて撤退してしまいました。それは、売り手のFAが安い価格でも売却を成立させることによって、自らの融資部門による債権の回収に走っているのではないかという懸念が出てきたからです。ブティックであればそういう利益相反がないので、売り手との信頼関係が生まれやすくなったという経緯です。

さらに、若者の共感を得られたことも大きい。たしかに、若者は給料の高い著名な大手投資銀行に行きたがります。しかし、大きな投資銀行であればあるほど自分のやりたいことができるとは限らず、クライアントに喜ばれもしない金融商品を売らされる。それを嫌がった若者がブティックを目指したことから、ブティックに優れた人材が集まるような流れが出てきたと思います。

今後、日本の事業承継の分野で「日本の未来のために」という意識が高まり、若い人たちに共感が生まれてくると、優秀な人たちがブティック型・事業承継型・仲介などM＆Aアドバイザー業界に集まる流れが生まれると思います。

付け加えると、アメリカのブティックは日本のブティックとはまったく違います。

そもそもゴールドマン・サックスやモルガン・スタンレーといった大手の投資銀行でも、何十人もの素晴らしいM&A人材がいるわけではありません。だいたい一つのセクターに一人のスターバンカーがいて、そのスターバンカーの活躍で実績をあげているところがほとんどです。だから、野村企業情報の後藤さんやレコフの吉田さんのような存在は、アメリカにも一定数いるのです。大手の投資銀行にいたスターバンカーが独立してブティックとしてマーケットに登場します。でも、そのスターバンカーがブティックからいなくなればそれこそ後継者がいないので、企業として続かないのではないでしょうか。

三宅：なるほど。アメリカでは、商業銀行がFAを行うことで生じる利益相反からブティックが発生し、さらにそのブティックはスターバンカーによって牽引されている訳ですね。

渡辺：むしろ、日本のほうが先を行き始めているのかもしれません。吉田さんというスタープレーヤーが興したレコフを中村さんがM&Aで買収し、レコフという名前とビジネスを残し、さらに大きくしようとしています。むしろ、アメリカの先を行っているのかもしれません。

中村：そう言っていただけると自信が持てますね。

渡辺：事業承継の世界では、M&Aにおける買い手の経営者の力が高まっているのではないでしょうか。M&AをしたあとのPMIにも力を入れていると聞いています。

ただ、日本企業のPMIは明らかにアメリカとは違います。

何度も申し上げるようにアメリカの経営者が追求するのはコストシナジーです。欧米のM&Aは規模の経済を取りに行くのが基本です。でも日本は自分の会社に足りない経営資源を獲得する面が非常に強い。経営の質を高める、企業の質を高める、品質を高めるためにM&Aを行うわけですが、成功の秘訣はM&Aの対象になった会社の人たちがハッピーになることです。それがなければ絶対にうまくいかないことを、日本人はよくわかっていますね。

これからは地方都市に可能性がある

三宅：たしかにおっしゃるとおり、アメリカは日本よりも10年、20年進んでいます。私は今でもM&A業界はアメリカが進んでいると信じていますが、最近は日本でも若く志のある有能な若者たちが、この業界に流れ込んできているのが実感できますね。

中村：当社も以前とは雰囲気がまったく違います。最近は入社してくる人に公認会計士が急激に増えていて、監査法人やＦＡＳから移ってくる人も増えています。つまり、すでにＭ＆Ａアドバイザリー業務に携わっている人が、手触り感を求めて仲介業に移ってくる流れができ始めています。少し前は逆でした。仲介業にいた人が「ＦＡＳでもっと大きなディールをやりたいから」と退職していたのに、今はＦＡＳから仲介業に来る逆の流れが生まれています。数年前では考えられなかった現象が起こっているのです。

三宅：そうですね。今は志も能力も高い人がＭ＆Ａ業界に入ってくるので、人材のレベルが非常に上がっています。Ｍ＆Ａ仲介業も、歴史ができてきたり、上場会社も増えてきたりして、単なる仲介業ではなく、Ｍ＆Ａアドバイザーとして仕事の質が上がってきたのも一因でしょうね。

ハイエンドな人材がやってみたい仕事になってきたということです。

よく冗談で言うのですが「もし今、自分が受けたとしたら、入社できないのではないか」と。これが冗談にならないかもしれません。

中村：古くからいるメンバーが、同じことをよく言っていますね。

渡辺：その理由は、仲介ではアドバイスをしている相手がオーナー経営者であり、そこに非常にやりがいを感じるのではないでしょうか。

荒井：まったくそのとおりですね。オーナーかつ経営者は、途轍もなくいろいろなものを背負っていらっしゃいます。そういう方の人となりに直接、触れ、その人と向き合ってがっぷり四つで仕事を進めるので、中村社長のおっしゃった「手触り感」は、ものすごくありますよね。

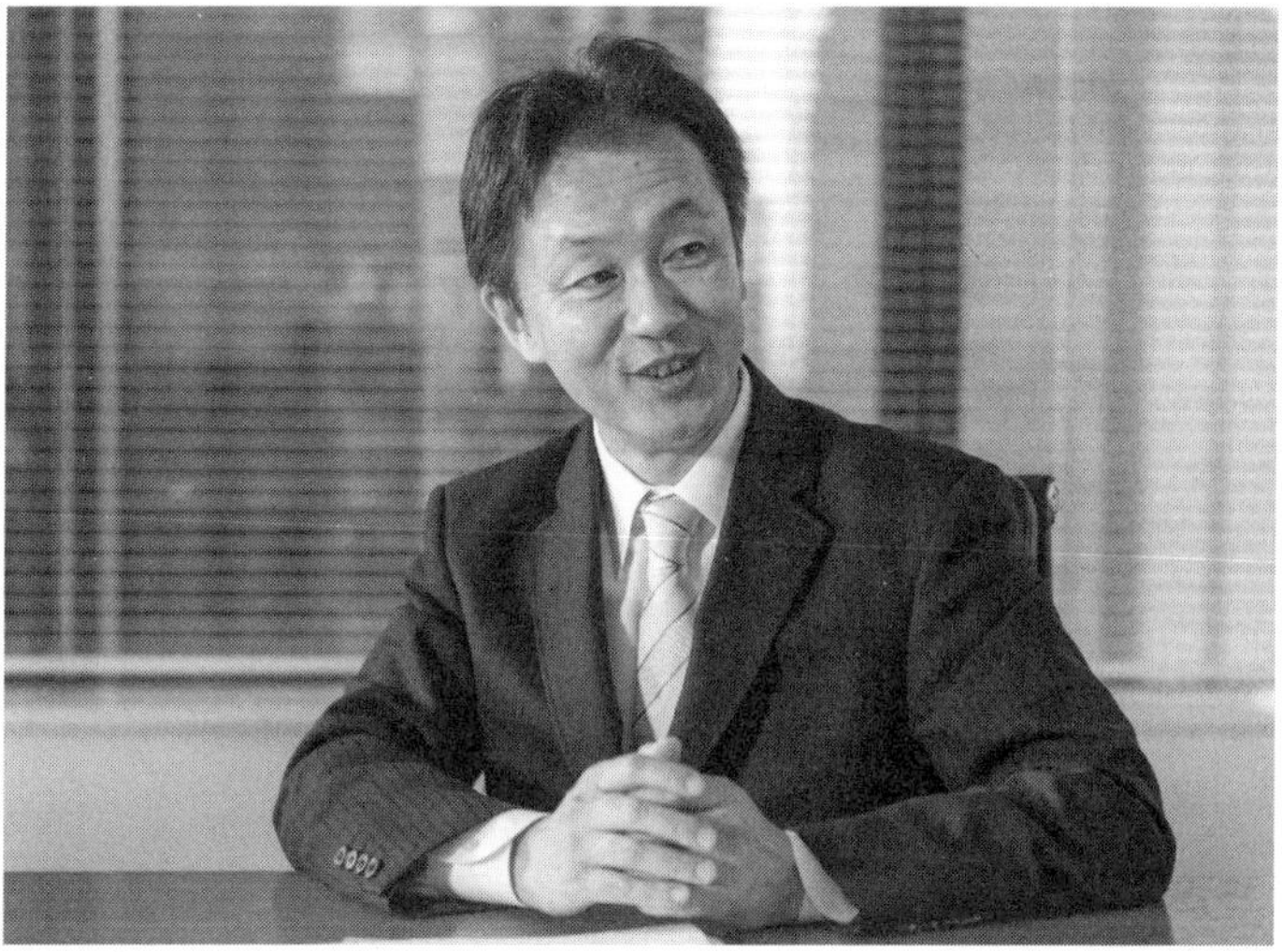

荒井邦彦
(株)ストライク代表取締役社長

中村：たしかに、どっぷり浸かりますね。

渡辺：現場の人たちの「目」がいいですよね。これはオーナー、経営者という難しい生き物を相手にしているからではないかと思っています。

荒井：欧米のＭ＆Ａでは、大企業でも経営トップが出てきますから、大企業が相手でも手触り感がありますよね。それは日本から見れば画期的ですね。

渡辺：以前、三宅社長はこんなことをおっしゃっていましたね。

「これから日本の将来を決めるのはもはや大企業ではない」

「大企業で日本を牽引していけるのは、ほんのひと握りの強い企業である」

「これから日本を引っ張るのは、ＳＭＥ（Small and Medium-sized Enterprise＝中小企業）である」

まったくそのとおりだと思います。あえて付け加えると、それはもはや日本企業同士が国内で再編するという意味合いだけではありません。日本の大企業が生き残るには、海外しかありません。昔の新日本製鉄のように、大企業同士が統合して規模を大きくして世界に打って出る時代ではなく、海外で海外の人たちと一緒に仕事をすることで、大企業のサラリーマンが活性化していく。それ以外の中途半端な大企業はなくなるか、外資に買われるほうが生き残りの確率は高まると思います。

行き場を失った人材を吸い上げていくのが、事業承継でどんどん規模を大きくしようとしているストロングバイヤーです。彼らが買収を繰り返しながら、第2の中内功さんが出てきて、そういう人たちがいずれ海外に出ていく。そういうエコシステムが構築されていく流れになっていくのではないかと思いますが、どう思われますか。

三宅：まさにそのとおりだと思います。MIT、オックスフォード、スタンフォードなどのよう

世界大学ランキング

世界大学評価機関イギリスのクアクアレリ・シモンズが2021年6月に発表した世界大学ランキング2022によると、トップはアメリカのMIT（マサチューセッツ工科大学）、2位はイギリスのオックスフォード大学、同率3位にアメリカのスタンフォード大学とイギリスのケンブリッジ大学が並んだ。

トップ10にはアメリカ5校、イギリス4校、スイス1校がランクイン。アジアのトップは11位のシンガポール国立大学、12位にもシンガポールの南洋理工大学が入った。中国は17位に精華大学、18位に北京大学、22位に香港大学が入っている。日本では東京大学の23位が最高位となっている。

に、偏差値80超の優秀な学生が世界中から集まる人材マーケットは日本にはありません。

彼らが狙うＧＡＦＡ（グーグル、アマゾン、フェイスブック、アップル）を超えるようなビジネスモデルを今からつくりあげていくことは、日本ではほぼ不可能です。

では、その下に位置する大企業はどうでしょうか。これは渡辺さんがおっしゃったように、アフリカや南米やアジアなど海外に積極的に進出し、海外で新しいマーケットを築いていくしかありません。この部分はそれなりに成功しているように感じます。ただ、その下の時価総額５００億円から２０００億円クラスの企業は、かなり困っているのではないでしょうか。合従連衡するか、元気のいい会社に買収されるか、どちらかでないと厳しいでしょう。

地方はまだまだ可能性があるのではないかと思っています。地方に可能性が出てきたのは、インターネットとＧＡＦＡの登場で情報の格差がなくなったからです。

私は神戸市に生まれましたが、中学、高校は舞鶴（京都府）という田舎町で暮らしていました。10万人都市でありながら、町のなかに書店が1軒しかなく、そこで売っているのは週刊誌と学習参考書だけでした。レコード屋も2軒しかなく、そこにはクラシックもジャズもなく、演歌と歌謡曲のレコードしかなかったのです。

しかし東京には、神保町や八重洲に行けば立派な書店がいくつもあります。そこでは洋書から専門書、サブカルチャーまであらゆる本が所狭しと並んでいます。タワーレコードやＨＭＶ

に行けば、すべてのジャンルの音楽に接することができます。かつての都市と地方の情報格差は、おそらく1万対0・1ほどの差があったと思います。

中村：でも、今はまったく事情が変わりましたね。

三宅：そうです。欲しい本があれば、舞鶴にいても東京にいても、ほぼ同時に手に入るようになりました。数時間、長くて1日の差はあるかもしれませんが、その程度では情報格差にはなりません。

コミュニケーションにしても、SNSの発達で東京と地方の格差はほとんどなくなりました。現実的な生活やビジネスでは格差がなくなってきたので、これから地方の活性化は夢のあるテーマだと思うのです。

むしろ、生活の質、クオリティ・オブ・ライフという意味では、大都市よりも地方のほうがいいかもしれません。たとえば年収1000万円の人が東京で送る生活は、毎朝満員電車に1時間揺られて通勤し、50平米から60平米の狭いマンションに住み、車はなくゴルフ会員権も持てません。しかも子どもの教育費は異常に高額なので、それを捻出するために月々の小遣いはわずかな金額で我慢しています。

これに対し、ちょっとした地方都市で1000万円の収入があると、80坪ぐらいの一戸建てに住んで車は2台持ち、近くのゴルフ場の会員権を買って、土日は15分でゴルフ場に行ける。ゴルフをやらない人は自分の趣味にもお金をかけられる。クオリティ・オブ・ライフとしては、おそらく地方のほうが圧倒的に高いのです。東京で同じような生活をしようと思ったら、年収3000万円から5000万円が必要になるのではないでしょうか。

渡辺：それぐらいもらっても、地方の生活水準はできないかもしれませんね。

三宅：ただ、国内の地方経済は深刻な状態に陥っています。たとえば奈良県。偏差値60以上の高校が14校あり、伝統的なトップ校の東大寺学園や新興勢力の西大和学園はいずれも全国区の進学校です。でも、Uターン率は10・3％しかなく、優秀な人材が首都圏や関西圏に取られています。

なぜなら、奈良県に上場企業は4社（DMG森精機、南都銀行を除く）しかなく、優秀な大学を卒業した希望に満ちた若者が働きたいところが少ないのです。地方の活性化のために必要な最大要素の一つは人材ですから、優秀な人が地元に帰ってこないと地方はさらに疲弊していくのは目に見えています。

長崎県もそうです。長崎県は江戸時代、出島で世界との扉を開いていた唯一の場所で、明治時代も富国強兵の号令のもと製鉄・造船の主導権を握ってきた名門県です。奈良県と同じように偏差値60以上の高校が13校ありますが、Uターン率は全国最下位の5・6％しかありません。それもそのはずでその大きな要因となる上場企業は1社もありません。

ちゃんぽん、皿うどんのリンガーハットジャパンは、登記上の本店が長崎県になっているだけで、工場も本社も長崎県にはありません。地元の金融機関十八銀行もふくおかフィナンシャルグループの傘下に入ったため、長崎を本拠とする上場企業は実質的になくなりました。魅力的な企業がなければ、優秀な人材は流出するだけです。

その意味でも、中堅企業を成長戦略に乗せることが非常に重要な戦略になります。地方は企業の存続という視点だけでなく、成長戦略を展開しなければ、優秀な人材が戻ってくる可能性が高くなりません。その戦略を進めるにも、M＆Aは有効なのです。

そういう意味では、これからは優秀な若者が地方へ戻れるような仕組みが必要です。サーチファンドに取り組んでいるのも、そこに目的があります。

三宅：地方には、大都会と同じ数だけ優秀な人がいるわけではないので、地方の中堅企業をバリバリの優秀なサーチャー（経営者を目指して企業を探す人）に買収してもらい、企業価値を高めてもらう。すると、優秀な経営者と変わりゆく企業を目の当たりにした周辺の経営者たちが刺激を受け、全体のレベルも上がっていくはずです。

「あれが経営か」

「あれが成長戦略か」

「俺たちも頑張らないと。一度勉強会やろうぜ」

サーチャーを輪の中心にして、勉強会が広がっていく。そういうカンフル剤、刺激剤となることを期待して、当社もサーチファンドを始めました。中村さんがやられている中堅企業とファンドを組ませる取組みでも、その中堅企業は圧倒的に変わりますよね。

中村：変わりますね。

三宅：M&Aをきっかけに、周りも活性化していく。そういうことも大事な時代になってきたのではないでしょうか。

これからのM&Aではファンドの重要性が増す

渡辺：その意味で、これからの日本ではファンドの使い方が重要になってきますね。アメリカでも1980年代はファンドが主役ではなかったですが、1990年代に入ってからは各州にさまざまなリージョナルファンドが山ほど登場しました。

三宅：そうでしたね。

渡辺：そういった人たちが買収を担っていましたが、そのメリットは企業の経営の変化です。企業や事業は5年に一度ぐらいは変化しないと、どんどんダメになります。日本の大企業がダメになった最も大きな理由はそれですね。ファンドの良さは、そこに楔を打ち込むこと。ファンドは5年後の出口を意識して、一生懸命走るからです。

中村：たしかにそうですね。

渡辺：前のオーナーから次の世代にバトンタッチするとき、いきなりほかのストロングバイヤーに身売りする形よりも、ファンドを介在させることによって5年間くらい一緒に走ってもらう。企業経営は永久に続くウルトラマラソンなので、自分で駅伝をつくっていかなければ息が続かないですよね。特に日本のファンドはアメリカのファンドのようにクビ切りまでやりません。どちらかというと5年間、前のオーナーがなかなか変えられなかったところにメスを入れ、企業を次のステージに持っていく役割に徹しています。

中村：本当にそうですね。コストカッターではないですね。

渡辺：私はすごく大事なポイントだと思います。アメリカで今伸びているブティックはそこに注力していますね。

三宅：毎年アメリカに勉強しに行くと、PEファンドがアメリカ社会のインフラになっていると感じます。ファンドの数で言えば、日本はアメリカの75分の1程度しかないと思います。

中村：そんなに少ないのですか。

三宅：ええ。そうだと思います。働いている人の質×量で考えると、1000分の1ぐらいまで開いてしまうかもしれません。

ＰＥファンドは中古車屋のような役割だと思っています。企業を売るときにＰＥファンドに売り、企業を買うときにもＰＥファンドから買う。たとえば、中堅・中小企業の製造業で、創業社長が一人で立ち上げてきた企業は、工場に入ってグリースの焦げた臭いを嗅いだだけで「おかしいなあ、今日はちょっと歩留まりが悪いぞ」と咄嗟に指示が出せるような超スーパー技術者が社長です。

私も上場するまでは同じでした。社員の電話の声を聞いていたら業績がわかる。だからＢ／ＳやＰ／Ｌを見たことがなかった。そんな過去のデータがあっても仕方がない。みんなの顔色を見て、報告を聞けばだいたい読めました。

私はともかくとして、バリバリの営業マン出身の社長がつくった企業やバリバリの技術者出身の社長がつくった企業を組織として整った大企業が買収したときに、すんなり経営できるかというと、なかなか難しいのではないかと思っています。そのとき、パイプをつなぐジョイントが必要です。それがＰＥファンドです。いったんＰＥファンドが買って、スーパー営業マンやスーパー技術者の能力を見える化するのです。

ノウハウが見える化されていて、それをさらに向上させるための目標設定が明確にされていて、PDCAのためのKPIが設定されていて、成長戦略がはっきりしている。そこまでやって次に譲渡すると、買ったほうは簡単です。

パイプが破裂することは少なく、ジョイント部分で水漏れが起こることが多いので、そこをPEファンドが担ってくれると、もっとスムーズな事業承継ができるのではないでしょうか。

そのためには、日本のPEファンドの数を圧倒的に増やしていくことが必要です。それと同時に、PEファンドの質と志をもっと上げていかなければなりません。今、日本にあるまともなPEファンドは35から40ぐらいしかないのではないでしょうか。

中村：そのぐらいですね。50はないと思います。

渡辺：M&Aブティックのほうが多いぐらいですものね。

中村：ファンドは資金を集めなければならないですからね。ブティックをつくるよりたいへんですよね。

渡辺：中村さんも、荒井さんも現場でやられているのでお聞きしたいのですが、競争相手に自分の会社を売ることを、社長は嫌がりませんか。

荒井：それはありますね。

渡辺：競争相手に引き取ってもらったほうがビジネスとしては伸びると思っても、オーナーのキャラクターによってはプライドが許さなかったり、社員がかわいそうだ、と思ったりしてなかなか決断できません。その点、ワンクッションおいてファンドに入ってもらうのは効果的ではないかと思います。

M&Aには垂直統合と水平統合がありますが、水平統合のほうが成功確率が高いと言われています。日本企業の海外におけるM&Aを見ると、成功事例のほとんどが本業の水平統合です。古くは1988年にファイアストン社を買収したブリヂストン、1986年にサンケミカル社のグラフィックアーツ材料部門、1999年にフランスのトタルフィナ社のインキ部門を買収した大日本インキ化学工業（現DIC）、最近の事例であれば日本電産です。

三宅：日本電産はすべて本業ですね。

渡辺：日本電産は「回るもの」が本業だと言っているので、本業以外はM＆Aをしていません。私たちが手がけたダイキンやアドバンテストなどを含め、本業のM＆Aで世界一になった企業は日本にも多い。

それは、アメリカのようにコストシナジー一辺倒のM＆Aをやっていないからです。日本企業は、手に入れたM＆A企業の人材を生かす経営を行います。欧米企業は買収によってクビを切ることしか考えていませんが、日本人は人材を生かすM＆Aが得意です。それは日本人が格好つけているわけではなく、買収した海外企業を日本人では経営できないからです。英語が苦手ですし、Aクラスの日本人経営者がずっと海外に行くのは現実的には難しいからです。経営の質が世界レベルにある日本電産やJTですら現地の人たちをいかに活性化させるかということをよく考えています。実は、本当にあるべき姿のM＆Aを欧米ではなく日本企業がやっているのではないでしょうか。

日本国内でも、もう少し水平的な統合が行われてもいいかもしれません。コストシナジーを求める意味ではなく、企業文化が異なる人たちが混ざり合うことで、何か新しいものが生まれる。そのときに、いきなり競合が買収してもできるかもしれないけれど、もっとファンドを通す形が根付くと再編はスムーズになるかもしれません。

中村：ガチガチに競合していると、監査の過程がかなり厳しくなりますよね。それは製造業でも営業現場でも同じで、契約書から商品ごとの粗利からすべて出していくことを考えると、オーナー経営者にとっては破談の恐怖と隣り合わせですよね。その苦難を乗り越えてでもそこと一緒になりたいかどうかが問われる。それよりも、いったんは新規参入の企業かファンドと一緒にやったほうがスムーズかもしれませんね。ファンドであれば、手の内を見せて万が一うまくいかなくても、傷つく心配はありません。

渡辺：日本のM＆A経営は世界に冠たるものなのかもしれない。最近はそんなふうに思うようになりました。日本を代表する経営者は、松下幸之助さんの時代以上にM＆Aがうまくなっていますし、経験もしています。

それが事業承継のなかでも起こっているのではないかという思いがあります。皆さんがPMIなどM＆Aを根付かせるようなプログラムをやられていますが、そのなかで経営ノウハウが高まってくると、世界に出ていける企業が増え、経営の世界のマスターズチャンピオンになるような経営者が出てくるような気がします。

三宅：渡辺さんは1982年からアメリカに行かれて、約40年にわたって日米のM&Aをずっとウォッチされてきました。おそらく、今、現存するM&Aプレーヤーのなかでは最も古いプレーヤーだと思います。その方が、実は日本のM&Aは最高ではないか、本当はレベル的に世界一ではないかと言ってくださるのは心強い限りです。

最初に申し上げましたように、これからの日本には買いも売りも両面でM&Aがますます必要になってきます。この20年から30年の間に、日本企業は本質的に事業で効果を出していく、そして人を大事にすることによって事業を伸ばしていくというM&Aの本質を突いてきました。だからこそ、レベル的には世界一なのではないかという言葉につながっていったのでしょうね。

渡辺：本当にそう思います。日本電産の永守重信さんなどは、すでにそういう域に達しているのではないでしょうか。はじめは国内の買収で成功されましたが、今や世界の買収チャンピオンになられました。しかも、単なるコストカッターではありません。

もちろん、永守さんの経営姿勢は厳しいと思います。しかし、その厳しさゆえに経営の質や競争力がどんどん上がっています。経営理念や社内用語も日本語をうまく英語に翻訳し、海外でM&Aを実施した人たちがそれをまた広めていく。そんな流れも出てきているようです。日本をM&Aで変えていこうとする経営者はこれからもどんどん出てくるのではないでしょうか。

以前、中央銀行の元総裁の方に当社で講演会をしていただいたことがあります。当時、当社は上場していましたが、大企業のM&Aは競争も激しく、金融機関の力が強かったので、海外はともかく国内のビジネスがなかなか伸びていませんでした。そのことで自信を失っていたとき、元総裁はこんなふうにおっしゃったのです。

「渡辺さんは、日本のGDP、国力を上げる意味ですごく重要なことをやっているんですよ」

その根拠は経常収支です。日本の経常収支は大雑把に言えば毎年15兆円から20兆円の黒字で推移しています。その内訳として、1980年代は貿易黒字がほとんどでした。おかげで貿易摩擦が起こったわけですが、最近は貿易黒字がほとんどありません。代わりに直接投資による収益が経常収支黒字の大宗を占めています。

ということは、質の高いM&Aを積極的に行い、海外投資をして海外からの配当収入や利息で儲ける。今はそういう世界になっているのです。大企業が投資銀行にだまされて減損を余儀なくされるような甘いM&Aをしている場合ではないのです。

「だから、あなたたちみたいなM&Aブティックが頑張らないといけないのです」

元総裁はそう言われました。

「マネーゲームのM&Aばかりでは、この国はつぶれますよ。質の高いM&Aによって海外で競争力をつけることが必要です。また、日本は国内の企業再編がまったく進んでいません。事業承継のような中堅企業、中小企業の再編が進まない限り、生産性は上がりません。生産性が上がらないとGDPは上がりません。つまり、直接投資収益でこの国を支えながら、生産性を上げていく。これ、すべてM&Aでできることではないですか」

普段は物静かな元総裁が熱く語ってくださったのを、とても心強く聞かせていただきました。

日本のM&Aに迫るデジタル化の奔流

三宅：現在、日本ではDX（デジタルトランスフォーメーション）の流れが勢いを増しています。DXが世の中に広まっていくと、当然ながらM&Aの世界にもDXが広がってくると思います。

ただ、大企業や中堅企業のM&Aにおいて、すべてのプロセスがDXでできるわけではありません。それでも、バーチャルデータルームやウェブ会議が発達することで、よりコミュニケーションがスムーズになっていくことが考えられます。実際、当社も前期はシンガポールの企業と日本の企業のM&Aで、一度も面談せずに成約しました。

荒井：すごいですね。

三宅：コロナの関係でシンガポールも入国が制限されていましたからね。一度の訪問も面談もなく、ウェブ会議とバーチャルデータルームだけで成約しました。

中村：業種は何業ですか。

三宅：システムインテグレータです。

中村：工場がなかったからよかったのかもしれませんね。

三宅：テクノロジーの発展によって、コミュニケーションがより緊密に取れるようになるメリットがあると思います。一方で、零細企業や中小企業においては、いわゆる「プラットフォーマー」がまだ夜明けの段階で、それほど成功しているとは言えません。そういうものの未来に関しては、どう見ていらっしゃいますか。

荒井：ちょうどコロナ禍とぶつかったことによって、その部分は加速しましたね。当社の場合、コロナ以前は「ウェブ上に関連資料を開示するバーチャルデータルーム」を細々と使っていたのが実情でした。やはり紙を用意したほうが楽だからです。それが、コロナ禍によって対面の交渉ができなくなると、プロセスのなかには会わなくてもできる工程があることがだんだん明らかになってきた気がしています。もちろん、重要な局面は対面でやるべきですが、２０２０年はデューデリもバーチャルデータルームでやったケースが多かったと思います。

ただ、中小企業の社長がその流れについていけない現実もありますね。電話をつないだまま、パソコンで同じ画面を見ながら「いや、社長、そこじゃないです」「いやいや、そっちじゃないです」という具合にやっていました。笑い話で「マウスのカーソルを画面の右に」と社長にお願いしたら、マウス自体をモニターの右横に持っていった社長がいたぐらいですから（笑）。

荒井：中小企業の社長がついていけない点が現実的な課題としてありますが、あと10年もすると、今50歳の人が60歳になるので、早晩M＆AのプロセスのなかにもDXの流れが定着していくのではないでしょうか。

からね。

渡辺：本当に、コロナ禍によってM&Aプロセスのデジタライゼーションは急激に進みましたね。GCAも、2020年2月から3月ぐらいは経営的に最も厳しい時期でした。アメリカやヨーロッパのロックダウンは日本の緊急事態宣言とは比べものにならないほど厳しかったですからね。

もともと私たちの仲間はM&A業界が長いインベストメントバンカーの人たちです。肉食人種で、すごくアグレッシブで、ひと言しゃべらせたら1時間くらい平気でしゃべっているような人たちが、ほとんどしゃべらなくなってしまいました。うつ病寸前みたいな顔をして、意気消沈していたのです。

こういうときこそ私の出番だと思い、4月にSDGsやESGといった地球や社会のサステナビリティをテーマにしたM&Aを手がけるスウェーデンの会社を買収しました。スウェーデンの本社にも行かず現場はもちろん経営陣に一度も会うことなく、価格や契約交渉からPMIまですべてリモートでやりました。

欧米のインベストメントバンカーは、特段SDGsやESGのM&Aに共感していたわけではありませんでしたが、べつの大きな変化が彼らにあらわれ始めたのです。それは、デジタルだけでM&Aがすべてできることを自分自身で経験し、それが自信になったことです。そこから先は、M&Aのプロセスのデジタライゼーションを徹底的に進めGCAの欧米の売り上げは3倍になりました。

M&Aプロセスのデジタル化はどんどん進むでしょう。それがこれから日本にも入ってくるので、M&Aプロセスの迅速化はかなり進んでいくでしょうね。

三宅：M&Aプラットフォーム（編集部注：譲り渡し側・譲り受け側がインターネット上のシステムに登録することで、主にマッチングをはじめとする中小M&Aの手続きを低コストで行うことができる支援ツール）に関してはどうですか。

荒井：M&Aプラットフォームは、小さい企業には難しいですね。なかには一人、2人でやっている企業、形は会社でも実態は個人事業のような企業もあります。そういうところがマッチングに困っていると思って始めてみましたが、まだ懐疑的な見方のほうが支配的ですね。

三宅：なるほど。中村さんはどのように見ていらっしゃいますか。

中村：当社のM&Aプラットフォームは、レコフデータの「MARR（マール）」で展開していますが、私も現場に出たときは面談が70回を超えたケースと１００回を超えたケースがありました。マッチングして会わせるだけで決まる世界ではないと痛感しているので、なかなか難しいだろうと思っています。たとえば、個人保証の解除や組織再編などは無理だと思いますし、資産の買い戻しなど複雑な条件が入ってくると誰かがサポートしてあげなければクロージングできないと思います。むしろ、無理にやればＭ＆Ａに慣れている買い手が得をしてしまうようになっていくでしょうね。

荒井：そうですね。

中村：私が性悪な買い手だったとしたら、オーナーが直接登録した企業ばかりにアプローチし、買い手である自分に有利な条件を契約書に入れようとしますね。実際、やろうと思えばできると思いますよ。売り主は初めての方が多いでしょうから、だからこそその点をアドバイザーがしっかり仕切ってあげないと、損をする場面が出てくるでしょうね。

適切なタイミングで、プラットフォーマーが適切なアドバイスをするような仕組みを考えてあげないといけないでしょうね。そこがまだ不十分。実ってくるのはもう少し先かもしれません。

荒井：バトンズさんは日本M&Aセンターさんと組んで、どんどんM&Aを進めていくという記事を読みましたけど。

三宅：弊社の関連会社であるバトンズは本当の意味でのプラットフォーマーというわけではなく、多くのディールにアドバイザーを付けています。

荒井：やっぱりそうですよね。

三宅：日本のM&Aはまだ未成熟なので、素人同士が進めようとした場合に悪用もできますし、逆に隠れたリスクもあります。M&Aを知っていれば当たり前のリスクも、素人同士だと知らない。たとえば「チェンジ・オブ・コントロール」（編集部注：チェンジ・オブ・コントロール（Change of Control）条項とは、M&Aの実行に伴い会社の支配権（コントロール）の変動等が生じるような場合に、当該支配権の変動が契約の解除事由となる条項をいう）みたいなことも素人は知りませんから、M&Aの契約をしてから「ビルから出て行け」と言われてしまったら困ってしまいます。そういうなかでは、M&Aプラットフォームだけでやっていくのはまだまだ難しいかもしれませんね。当面のところは、M&Aプラットフォームとブティックのノウハウや知見が融合しないと、なかなか難しいでしょうね。たとえばＡＩがもっと進化し、アドバイスまでしてくれるようになれば、Ｍ＆Ａプラットフォームだけでできるかもしれませんが。

荒井：今のところはやっぱり難しそうですね。

中村：バトンズさんの成約が急激に伸びているのは、アドバイザーが機能されているからなのでしょうね。

三宅：機能していると思います。だから失敗がないのです。

現在、そしてこれからＭ＆Ａに携わるすべての人へ

三宅：それでは最後に、現在Ｍ＆Ａビジネスを担っている人、これからＭ＆Ａビジネスで活躍したいと考えている人たちへ、メッセージをお願いします。

中村：この仕事を日々やっていて、多くの人の人生を変えていると実感します。オーナーの人生、社員の方の人生、会社の将来、買い手側の企業の成長、意思決定者の昇進などにも大きな影響を与える仕事です。

いろいろな関与の仕方があると思いますが、自分の成績や自分の会社の業績よりも、関わる人たちに対する尊敬や配慮を優先できる人にこの業界に来てほしいですね。

当社は、案件をクロージングすると必ず社内で事例の共有をします。それを聞いていると、クロージングに至る過程で何人かに一人は必ずこんなアドバイスをしているメンバーがいます。

「社長がそういうお考えであれば、やめたほうがいいかもしれませんね」

もちろん、まとめたいという気持ちは誰にでもあります。自分の成績を上げたい、会社の業績を上げたいのは当然です。しかし、それをグッとこらえて、言うべきことははっきり言う覚悟と気持ちを持っていないと、M&Aには関わってはいけないと思います。

その覚悟と気持ちがなければ、相手からの信頼を得られないと思いますし、巡り巡って損をしてしまい、成果にもつながらないでしょう。そういう覚悟と気持ちを持った人が増え続ける業界になると、周りからの信頼もより得られるのではないかと思います。

荒井：さまざまな形でＭ＆Ａに関わる人がいると思います。たとえば、我々の場合は事業承継や成長戦略などの切り口ですが、その本質は何かと考えると、Ｍ＆Ａは異なる企業が一緒になることだと思います。

一緒になることの何がいいのか。それは人間の習性でもあるように、こちらの集団とこちらの集団が一緒になり、集団で生活をすることによって一人ではできないより大きいことができるようになる。それによってみんなが快適な生活を営み、経済的に豊かな生活を送る。そこにおそらくＭ＆Ａの本質があるので、そういう理想を持って仕事をしていただきたいと思います。

渡辺：Ｍ＆Ａによって新しい社会価値をつくることがこの仕事の醍醐味だと思います。これから世の中が循環型社会になっていくと、昔のようにこのビルを建てました、この橋を架けました、この海底トンネルを造りましたなど、次の世代に対して誇りを持って語れるものづくりという世界はなくなってきます。

だとすると、いかに社会全体がモノではなく精神的に豊かになれるか。ＥＳＧなど世界が一致団結しなければならないようなことに対し、経営資源をコントロールできる立場にある人たちがソリューションを提供できるかどうかが大事になると思うのです。

コロナの世界的パンデミックに直面してみて、やはり日本の製薬業界はもっと再編を進めなければいけなかったとあらためて感じました。ファイザーがいち早くワクチンを出せたのは、ファイザーがM&Aを繰り返して巨大企業になり、経営資源を一気にコロナワクチン開発に投入できたからです。これだけ短期間にまったく新しい技術を使ってワクチンを完成させられたのは、M&Aの情報ネットワークを使って有望なベンチャーとすばやくアライアンスを組んだことも大きかった。

とは言いつつ日本にもM&Aによる社会価値創出の素晴らしい話があります。私たちは第一製薬と三共の統合で三共側のFAとしてお手伝いしました。統合してから15年後の昨年、第一三共は手術不能な乳がんを少ない副作用で治療する画期的な抗がん剤の開発に成功したのです。エンハーツは化学合成した医薬品とバイオ医薬品の二つを組み合わせた「抗体薬物複合体（ADC）」と呼ばれる全く新しいタイプの抗がん剤です。全く手の施しようのない「末期がん患者」の9割に効果があったことを証明し世界的に注目されています。

この薬は第一と三共それぞれが蓄積してきた技術と薬物データを持ち寄り二つの会社出身者がワンチームで力を合わせることで開発に成功したものです。第一三共はその前にインドのジェネリック会社を買収して失敗し、その会社を売却して経営資源をがん領域に注力したことで絶望の淵にある患者に希望を与えるという大きな社会貢献を果たしました。

統合時点でグローバルファーマーイノベーターになるというビジョンを掲げたときにはアナ

リストやアクティビストからせせら笑われましたが、第一と三共の統合がなかったらこの薬は絶対に生まれなかったのです。

第一三共の統合やインド企業の売却を黒子としてお手伝いできたことはアドバイザー冥利に尽きます。M&Aアドバイザーは素晴らしい仕事です。志の高い若者にはどんどんM&Aアドバイザーを経験してもらいたいと心から思います。

三宅：渡辺さんがおっしゃったように、新しい社会価値の創造が大きな使命ですし、中村さんがおっしゃったように、ミクロで見るとそこで生きている人たちの幸せもすべてひっくるめてやるのがM&Aの仕事です。だからこそ、志や使命感を持った人に来てほしいですね。

M&Aビジネスは、ハイエンドビジネス、あるいはビジネスの総合格闘技だといつも社内で言っています。案件を見つけるには強力な営業パワーが必要ですし、優れたマッチングをするためには、ビジネス構想力、戦略構築力が必要で、ビジネスを熟知していなければなりません。それをまとめ上げていくには、強力なネゴシエーション力と調整力、お互いの気持ちがわかる共感力も必要になってきます。

そこからリスクを排除して最高の契約を結ぶためには、財務デューデリ、ビジネスデューデリ、法務デューデリをすべて司って最適なストラクチャーをつくっていく。そのバックには財務の知識、法務の知識、会社法の知識、労働法の知識など、ありとあらゆる知識を頭に入れる必要があります。

さらにそれを譲渡企業の方々に満足してもらえるように、また買収企業は新たな成長戦略に踏み出せるように、ＰＭＩをしっかりとやらなければなりません。本当に幅広い知識と経験が求められるので、クールヘッドとウォームハートを持ち、ビジネスの総合格闘技で自分を高め、最高のビジネスパーソンになりたいと思っている人たちにどんどん入ってきてもらいたいですね。

そういう方が入ってくることによって、また日本のＭ＆Ａシーンのレベルがもっと上がって活性化していく。それが本当に日本を救っていくことになるのではないかと期待しています。

今日は皆さまから大変に有意義かつ示唆に富んだお話をうかがうことができました。ありがとうございました。

三宅　卓（みやけ・すぐる）

株式会社日本M&Aセンターホールディングス　代表取締役社長

1977年、日本オリベッティ株式会社に入社。分林保弘（日本M&Aセンターホールディングス現会長）とともに会計事務所へのプロジェクトを担当した後、金融機関への「融資支援」や「国際業務」のシステムの企画・販売を担当。1991年、株式会社日本M&Aセンター設立に参画。中小企業M&Aの第一人者として同社を牽引。2008年、株式会社日本M&Aセンター代表取締役社長就任。2021年10月、株式会社日本M&Aセンターホールディングス代表取締役社長就任。

渡辺 章博（わたなべ・あきひろ）

GCA株式会社　創業者

1982年、単身で米国に渡りKPMGニューヨークにて日本企業の米国進出をサポート。2004年にFor Client's Best Interestという経営理念を掲げてGCAを創業。2006年に最短で上場させ、その後、欧米でM&Aブティックを次々に買収。GCAをグローバル24拠点、500人のプロフェッショナルを有する日本発のグローバルM&A助言会社に育てあげた。JT、伊藤忠商事、パナソニック、第一三共などの多くの企業の成長戦略に関わる。米国・日本公認会計士。

中村 悟（なかむら・さとる）

M&Aキャピタルパートナーズ株式会社　代表取締役社長

1995年、積水ハウス株式会社に入社。設計業務を経て、営業業務に8年間従事。2005年にM&Aキャピタルパートナーズ株式会社を創業。2013年11月に東証マザーズに上場。2014年には東証一部に市場変更を果たす。2016年にはM&A仲介の老舗レコフ及びレコフデータと経営統合するなど、自社でもM&Aを経験している。

荒井 邦彦（あらい・くにひこ）

株式会社ストライク　代表取締役社長

1993年に太田昭和監査法人（現EY新日本有限責任監査法人）に入社。公認会計士として勤務後、1997年に株式会社ストライクを設立し代表取締役社長に就任。1999年には日本初のインターネットM&A市場「SMART」をリリース。以来、数多くのM&Aを成約に導いた。2016年6月に東証マザーズに上場。2017年6月に東証一部へ市場変更し、現在に至る。

おわりに

近年、日本企業の競争環境は一段と厳しくなっている。

大企業では事業をコアビジネスとノンコアビジネスに選別したうえで、不採算なノンコアビジネスを切り離す「カーブアウト」の動きが加速している。コアビジネスに特化し、生産性と利益率を高めなければグローバル市場で生き残っていけないからだ。

コアビジネスをさらに強化するためには、隣接する事業分野にウィングを広げ、国内外のライバル企業と差異化を図っていく必要もある。

一方、圧倒的に数が多い中堅・中小企業では、後継者がいない企業が3分の2を占め、廃業の危機にさらされている。高い技術力や長期的なノウハウを残し、雇用を守るためには事業承継が社会的課題となっている。

特にオーナー系の中堅・中小企業の後継者不在の問題は深刻であり、解決を図るための一つの手段としてM&A活用への期待は大きい。その社会問題に対しては官民挙げてサポートしていかなければならない。

また、コロナ禍、デジタルトランスフォーメーション（DX）の進展などによって、事業環境は激変しておりあらゆる業種、すべての規模の企業が事業ポートフォリオの見直しを迫られている。この点でも、M&Aは重要な経営戦略となってきている。


当行がM&A業務に不退転の決意をもって取り組んでいるのは、お客さまそれぞれが課題を乗り越え、持続可能な未来、新たなステージへと進む時、その思いを叶える「チカラ」になるという使命感以外の何物でもない。

当行はグローバルに展開する大企業から中堅・中小企業まで、幅広くお取引いただいている。お客さまのニーズに寄り添う形で、これまでもさまざまな形でM&A業務を展開してきた。当行の長い歴史と、提携先であるモルガン・スタンレーの知見によって、業務ノウハウと専門知識を持った人材の裾野も拡大している。

豊富な顧客基盤を持つ当行は、M&Aでご紹介できる企業の裾野と間口が広く、海外ネットワークも充実している。顧客からの信頼も厚く、M&Aのパートナーとしてご評価いただいていると自負している。

当行がＭ＆Ａ業務を行うにあたって最も大事にしていることは、お客さまと何でも話せる信頼関係を構築できるかどうか、である。

これはＭ＆Ａ業務に限ったことではない。あらゆる取引においてベースとなるのは顧客との信頼関係である。信頼関係を構築するには、お客さまのビジネスについて、業界について、競争相手について、さまざまなことを「熟知」している必要がある。

お客さまはどのような経営課題を抱えているか。

その原因は何か。

課題解決のためにどのようなお手伝いができるか。

これらについて魂を込めて真剣に考え続け、事業戦略に資する情報提供や提案ができないと、お客さまから信頼されることはない。

銀行の場合は、Ｍ＆Ａ業務に携わる以上、単に企業同士を仲介するだけではなく、お客さまが直面するさまざまな問題に関して適切にアドバイスしていかなければならない。

たとえば、買収側にはファイナンスの問題があり、売却側には売却資金の運用の問題がある。クロスボーダーのＭ＆Ａにおいては、為替、送金、決済の問題が発生する。買い取った企業、買い取られた企業の人材戦略についてもアドバイスする必要がある。

当行は総合金融サービスの提供を標榜しており、Ｍ＆Ａ業務に関して言えば、ＰＭＩを含めてバリューチェーンのすべてにおいてサービスを提供し、顧客が成長するお手伝いをする義務がある。それは当行の存在意義そのものと考えている。

日本は今、かつてない難局に直面している。

この難局を乗り越えるために、M&Aに携わるあらゆる立場の人が切磋琢磨し、場合によっては手を携えてM&Aを推進することが求められている。

M&Aは、日本経済を活性化するための即効薬になり得る。私たちは使命感をもってM&Aに取り組むべきではないだろうか。

日本のM&Aの「過去」「現在」「未来」を俯瞰し、その重要性について再認識させてくれる本書が、このタイミングで出版されるのは僥倖と言っても言い過ぎではないだろう。現在M&A業務に携わっている人たち、これからM&A業界に足を踏み入れようとする人たちにとって、志を新たにするための拠り所となるはずである。

2021年10月

三菱UFJ銀行　取締役会長　堀　直樹

日本のM&Aの歴史と未来

2021年11月24日　第1刷発行

編著者　一般社団法人金融財政事情研究会
発行者　加藤　一浩

〒160-8519　東京都新宿区南元町19
発行所　一般社団法人金融財政事情研究会
企画・制作・販売　株式会社きんざい
電話　03-3355-1770（編集）
　　　03-3358-2891（販売）
URL　https：//www.kinzai.jp/

デザイン：松田行正＋杉本聖士／印刷：三松堂株式会社

ISBN978-4-322-14006-4